班组安全行丛书

企业内机动车辆安全知识

(第二版)

燕来荣　刘敬超　主编

中国劳动社会保障出版社

图书在版编目（CIP）数据

企业内机动车辆安全知识／燕来荣，刘敬超主编. -- 2版. -- 北京：中国劳动社会保障出版社，2022
（班组安全行丛书）
ISBN 978-7-5167-5621-8

Ⅰ.①企… Ⅱ.①燕…②刘… Ⅲ.①机动车-驾驶员-行车安全-基本知识 Ⅳ.①U471.3

中国版本图书馆 CIP 数据核字（2022）第 194430 号

中国劳动社会保障出版社出版发行

（北京市惠新东街 1 号　邮政编码：100029）

*

北京市科星印刷有限责任公司印刷装订　新华书店经销

880 毫米×1230 毫米　32 开本　5.625 印张　125 千字
2022 年 12 月第 2 版　2022 年 12 月第 1 次印刷

定价：22.00 元

营销中心电话：400-606-6496
出版社网址：http://www.class.com.cn

版权专有　　　侵权必究

如有印装差错，请与本社联系调换：（010）81211666
我社将与版权执法机关配合，大力打击盗印、销售和使用盗版图书活动，敬请广大读者协助举报，经查实将给予举报者奖励。

举报电话：（010）64954652

内容简介

企业内机动车辆（也称工业车辆）驾驶、作业容易发生伤亡事故，对操作者本人、他人及周围设施和设备会造成重大危害。《中华人民共和国安全生产法》等有关法律法规规定，特种作业人员应经过专门的安全技术培训，持证上岗。企业内机动车辆驾驶、作业人员属于特种作业人员，应经专门的安全技术培训，取得操作证才能上岗。

本书以国家相关部门的考核大纲、标准为依据，广泛吸取培训和复审工作的经验，突出以"安全"为主线的培训特点，着重介绍了企业内机动车辆驾驶员所应掌握的基本常识、要领、规范及安全技术。该书采用问答形式，力求基本理论与实践相结合，突出重点，文字通俗易懂，实用性强，可作为企业内机动车辆驾驶、作业人员的技术培训、取证、复审教材，也可供从事相关工作的人员学习参考。

前言

班组是企业最基本的生产组织，是实际完成各项生产工作的部门，始终处于安全生产的第一线。班组的安全生产，对于维持企业正常生产秩序，提高企业效益，确保职工安全健康和企业可持续发展具有重要意义。据统计，在企业的伤亡事故中，绝大多数属于责任事故，而90%以上的责任事故又发生在班组。可以说，班组平安则企业平安，班组不安则企业难安。由此可见，班组的安全生产教育培训直接关系企业整体的生产状况乃至企业发展的安危。

为适应各类企业班组安全生产教育培训的需要，中国劳动社会保障出版社组织编写了"班组安全行丛书"。该丛书自出版以来，受到广大读者朋友的喜爱，成为他们学习安全生产知识、提高安全技能的得力工具。其间，我社对大部分图书进行了改版，但随着近年来法律法规、技术标准、生产技术的变化，不少读者通过各种渠道给予意见反馈，强烈要求对这套丛书再次进行改版。为此，我社对该丛书重新进行了改版。改版后的丛书共包括17种图书，具体如下：

《安全生产基础知识（第三版）》《职业卫生知识（第三版）》《应急救护知识（第三版）》《个人防护知识（第三版）》《劳动权益与工伤保险知识（第四版）》《消防安全知识（第四版）》《电气安全知识（第三版）》《危险化学品作业安全知识》《道路交通运输安全知识（第二版）》《金属冶炼安全知识（第二版）》《焊接安全知识

（第三版）》《起重安全知识（第二版）》《高处作业安全知识（第二版）》《有限空间作业安全知识（第二版）》《锅炉压力容器作业安全知识（第二版）》《机加工和钳工安全知识（第二版）》《企业内机动车辆安全知识（第二版）》。

  该丛书主要有以下特点：一是具有权威性。丛书作者均为全国各行业长期从事安全生产、劳动保护工作的专家，既熟悉安全管理和技术，又了解企业生产一线的情况，所写内容准确、实用。二是针对性强。丛书在介绍安全生产基础知识的同时，以作业方向为模块进行分类，每分册只讲述与本作业方向相关的知识，因而内容更加具体，更有针对性。班组可根据实际需要选择相关作业方向的分册进行学习。三是通俗易懂。丛书以问答的形式组织内容，而且只讲述最常见、最基本的知识和技术，不涉及深奥的理论知识，因而适合不同学历层次的读者阅读使用。

  该丛书按作业内容编写，面向基层，面向大众，注重实用性，紧密联系实际，可作为企业班组安全生产教育培训的教材，也可供从事安全生产工作的有关人员参考、使用。

目录

第一部分　基本常识篇 ……………………………（1）
1. 何谓企业内运输？企业内运输有哪些作业方式？……（1）
2. 企业内机动车辆与特种设备的功能有哪些？…………（2）
3. 企业内机动车辆与纳入监管的特种设备车辆有哪些？………………………………………………（2）
4. 企业内机动车辆有哪些特点？…………………………（3）
5. 工业车辆如何分类？各有哪些特点？…………………（4）
6. 挖掘机械如何分类？……………………………………（5）
7. 企业内机动车辆的安全使用性能有哪些？……………（6）
8. 厂区道路有哪些分类和基本要求？……………………（7）
9. 厂区道路的安全要求有哪些？…………………………（7）
10. 叉车装卸场地的安全要求有哪些？……………………（9）
11. 厂区道路的安全色和对比色有哪些？…………………（9）
12. 厂区的交通安全标志有哪些？应如何设置？…………（10）
13. 机动车辆动力装置有哪些？其功用和特点

是什么？……………………………………………（11）
14. 内燃机有哪些分类方式？其组成方式如何？…………（11）
15. 内燃机的工作原理是什么？………………………（12）
16. 内燃机的主要性能指标有哪些？……………………（13）
17. 发动机曲柄连杆机构由哪些部件组成？其功用
　　是什么？……………………………………………（13）
18. 发动机配气机构的功用是什么？怎样分类？由哪些
　　部件组成？…………………………………………（14）
19. 凸轮轴的布置形式和传动方式有哪些？………………（14）
20. 什么是气门间隙和配气相位？………………………（15）
21. 汽油机燃油供给系统由哪些部件组成？其工作
　　原理是什么？………………………………………（15）
22. 柴油机燃油供给系统的功用和工作原理是什么？
　　由什么组成？………………………………………（16）
23. 润滑系统的功用是什么？由什么组成？………………（17）
24. 冷却系统的功用是什么？由什么组成？………………（17）
25. 以内燃机为动力的车辆的电气系统有哪些结构
　　特点？………………………………………………（17）
26. 蓄电池的结构原理是什么？…………………………（18）
27. 蓄电池的放电和充电有哪些特性？……………………（19）
28. 蓄电池车的蓄电池组应如何选用？……………………（19）
29. 交流发电机及其调节器的结构特点有哪些？…………（20）
30. 交流发电机及其调节器的工作原理是什么？…………（21）
31. 汽油机点火系统的结构特点及各部分的功用
　　是什么？……………………………………………（21）

32. 蓄电池车的动力部分有哪些结构特点？……………（22）

33. 蓄电池车的电气系统有哪些结构特点？……………（23）

第二部分　底盘须知篇 ………………………………（25）

34. 机动车辆传动系统的基本功能与要求有哪些？……（25）

35. 内燃机驱动的车辆机械传动系统的结构特点
有哪些？…………………………………………………（26）

36. 液力机械传动系统的结构特点有哪些？……………（26）

37. 液压传动系统中执行元件的结构特点有哪些？……（27）

38. 电传动系统的结构特点有哪些？……………………（28）

39. 主离合器的功用和要求有哪些？……………………（28）

40. 变速器的功用、类型和特点有哪些？………………（29）

41. 万向传动装置的功用和特点是什么？它由哪些
部件组成？………………………………………………（30）

42. 十字轴万向节的构造和传动特点有哪些？…………（30）

43. 传动轴的结构特点有哪些？…………………………（30）

44. 驱动桥的功用与要求有哪些？………………………（31）

45. 行驶系统的功用与结构特点是什么？………………（31）

46. 行驶系统在使用中有哪些要求？……………………（33）

47. 车架有哪些功用与结构形式？………………………（33）

48. 轮胎有哪些功用与结构特点？………………………（33）

49. 悬架有哪些功用与结构特点？………………………（34）

50. 转向系统的功用与要求有哪些？……………………（34）

51. 转向系统的结构原理有哪些？………………………（35）

52. 转向传动机构有哪些使用要求与类型？……………（36）

53. 动力转向的工作原理是什么？动力转向系统由哪些部件组成？……………………………………………（36）
54. 全液压转向装置的结构特点有哪些？………………（37）
55. 机动车辆对制动系统的要求有哪些？………………（38）
56. 制动系统有哪些功用及结构特点？…………………（39）
57. 制动系统如何分类？…………………………………（39）
58. 制动器的功用与分类有哪些？………………………（40）
59. 制动系统是如何工作的？……………………………（40）
60. 机动车辆对制动系统各主要零部件的技术要求有哪些？……………………………………………………（41）
61. 制动系统用的制动液有哪些要求和种类？…………（41）
62. 国家标准中对机动车驻车制动性能有哪些要求？……（42）
63. 履带式工业车辆机械传动驱动桥的结构特点有哪些？……………………………………………………（42）
64. 转向机构有哪些功用与结构特点？…………………（44）
65. 转向制动器有哪些功用与结构特点？………………（44）
66. 液压传动驱动机构有哪些功用与结构特点？………（45）
67. 履带行走装置有何功用与结构特点？………………（46）
68. 履带行走装置由什么组成？…………………………（46）
69. 履带式工业车辆的履带有哪些功用与结构特点？……（47）
70. 驱动轮有哪些功用与结构特点？……………………（47）
71. 支重轮和托链轮有哪些功用与结构特点？…………（48）
72. 导向轮和张紧装置有哪些功用与结构特点？………（49）
73. 装载机的工作装置有哪些功用与结构特点？………（50）
74. 装载机工作装置的结构形式有哪些？………………（50）

75. 装载机工作装置的安全要求是什么？……………………（51）
76. 装载机工作装置的液压系统有哪些结构特点？…………（52）
77. 推土机的工作装置有哪些功用与结构特点？……………（53）
78. 推土机的液压操纵机构有哪些操纵装置？………………（53）
79. 工作装置操纵系统有哪些形式与结构？…………………（54）
80. 工作装置回转机构的结构特点有哪些？…………………（55）
81. 前置翻斗车的工作装置有哪些结构特点？………………（56）

第三部分 安全使用篇 ……………………………………（57）

82. 叉车的基本结构与功能有哪些？…………………………（57）
83. 如何正确使用企业内物流车辆？…………………………（58）
84. 企业内物流搬运机械在作业前应做哪些检查工作？……（59）
85. 叉车叉取货物有哪些程序？………………………………（60）
86. 叉车卸下货物有哪些程序？………………………………（61）
87. 机动翻斗车有哪些安全操作要求？………………………（63）
88. 装载机有哪些功用与分类？………………………………（64）
89. 装载机的使用要求有哪些？………………………………（65）
90. 装载机驾驶作业时有哪些操作要点？……………………（66）
91. 大型履带式液压操纵推土机有哪些结构特点？…………（67）
92. 推土机的操纵部分如何使用？……………………………（68）
93. 推土机的仪表开关部分如何使用？………………………（70）
94. 推土机作业时应注意哪些安全事项？……………………（71）
95. 挖掘机有何功用？应如何分类？其型号如何
    表示？………………………………………………………（71）
96. 挖掘机的系统有哪些组成部分？…………………………（72）

97. 挖掘机在作业前应做好哪些准备工作？………………（73）
98. 挖掘机在作业中应注意哪些要点？……………………（73）
99. 企业内物流车辆安全驾驶的操作规程有哪些？………（74）
100. 拖拉机安全驾驶的操作规程有哪些？………………（75）
101. 叉车安全驾驶的操作规程有哪些？…………………（75）
102. 固定平台搬运车安全驾驶的操作规程有哪些？……（76）
103. 前置翻斗车安全驾驶的操作规程有哪些？…………（77）
104. 装载机出车前应怎样检查？…………………………（77）
105. 装载机每天作业后应怎样检查？……………………（78）
106. 装载机的启动、停车和作业操纵有哪些注意事项？…（78）
107. 装载机如何进行装卸作业？…………………………（79）
108. 推土机的安全驾驶操作规程有哪些？………………（80）
109. 推土机怎样换挡？……………………………………（80）
110. 推土机怎样转向？……………………………………（81）
111. 挖掘机的启动及作业安全注意事项有哪些？………（81）
112. 车用汽油有哪些使用性能指标及特性？……………（82）
113. 车用柴油有哪些使用性能指标及特性？……………（83）
114. 企业内机动车辆如何预防火灾？……………………（83）
115. 检修车辆防火安全技术要求有哪些？………………（84）
116. 车库防火安全技术要求有哪些？……………………（85）
117. 加注燃油防火安全技术要求有哪些？………………（86）
118. 车辆火灾的灭火方法有哪些？………………………（86）
119. 驾驶员遇到车辆火灾应如何扑救和逃生？…………（87）
120. 车辆火灾常用的灭火器材有哪些？…………………（87）
121. 驾驶员行驶中遇到险情如何救助与防护？…………（88）

122. 企业内机动车辆驾驶员如何预防中暑？…………（89）
123. 企业内机动车辆驾驶员为何会出现冻伤？应如何
预防？………………………………………………（89）
124. 车辆维修中驾驶员的自身安全如何防护？………（90）
125. 驾驶员怎样避免化学伤害？………………………（90）
126. 驾驶叉车进出作业现场怎样确保安全？…………（91）
127. 企业内机动车辆驾驶作业中怎样防止触电？……（91）

第四部分　维护检修篇 ………………………………（93）

128. 企业内机动车辆维护的原则和分级方法是什么？
如何规定各自的周期？……………………………（93）
129. 企业内机动车辆如何进行科学的维护？…………（93）
130. 企业内机动车辆各级维护的内容有哪些？………（94）
131. 工业车辆磨合期的特点有哪些？…………………（95）
132. 为何要在磨合期内对工业车辆进行维护？………（96）
133. 提高工业车辆磨合质量的要点及要求有哪些？…（97）
134. 机油选用的原则有哪些？…………………………（97）
135. 工程机械选用液压油的依据是什么？……………（98）
136. 如何进行油液的检查与维护？……………………（99）
137. 工程机械的液压油有哪些使用要求？……………（100）
138. 工程机械的液压油如何更换？……………………（101）
139. 企业内机动车辆制动系统如何进行日常检查
和维护？……………………………………………（101）
140. 叉车起重系统的工作装置如何维护及调整？……（102）
141. 怎样避免叉车液压系统进入空气？………………（103）

142. 常见履带车辆"四轮一带"的磨损情况有哪些？
应怎样修复？……………………………………（104）
143. 企业内机动车辆用钢丝绳怎样进行维护？………（105）
144. 蓄电池的维护要点有哪些？………………………（106）
145. 蓄电池的维护项目有哪些？………………………（106）
146. 新蓄电池怎样进行初充电？………………………（107）
147. 蓄电池叉车电动机的换向器如何进行维护？………（108）
148. 蓄电池叉车电动机的电刷如何进行维护？………（108）
149. 蓄电池叉车电动机的轴承如何进行维护？………（109）
150. 工程机械车辆仪表的安装要点有哪些？…………（110）
151. 企业内机动车辆传感器的安装要点有哪些？……（110）
152. 企业内机动车辆故障的常见外部症状有哪些？……（111）
153. 企业内机动车辆故障的常用诊断方法有哪些？……（112）
154. 怎样分析及判断发动机常见油路、电路的故障？…（113）
155. 怎样分析及判断柴油机燃料系统的故障？………（114）
156. 柴油机为什么常会出现排黑烟的现象？…………（114）
157. 柴油机为什么常会出现排蓝烟或白烟的现象？……（115）
158. 汽油机低压电路断路使发动机不易启动如何诊排？…（116）
159. 汽油机低压电路短路使发动机不易启动如何诊排？…（116）
160. 汽油机高压电路故障使发动机不易启动如何诊排？…（117）
161. 汽油机电路故障使发动机工作不正常如何诊排？…（117）
162. 汽油机怎样判断发动机个别气缸不工作？应如何
诊排？……………………………………………（119）
163. 液压挖掘机驱动桥异响有哪些原因？……………（120）
164. 企业内机动车辆驱动桥的过热故障如何诊排？……（121）

165. 叉车驱动桥的漏油故障如何诊排？……………………（122）
166. 装载机液力变矩器常见故障的原因是什么？应采取
    哪些预防措施？………………………………………（123）
167. 装载机工作装置的常见故障如何诊排？……………（124）
168. 工业车辆转向沉重的故障如何诊排？………………（125）
169. 工业车辆液压缸的误动作或动作失灵故障如何
    诊排？…………………………………………………（126）
170. 工业车辆液压缸动作不灵敏的故障如何诊排？……（128）
171. 工业车辆液压缸的活塞滑移或爬行故障如何诊排？…（128）
172. 工业车辆机械液压系统泄漏的主要原因有哪些？
    如何分类？……………………………………………（129）
173. 工程机械液压系统的泄漏常采用哪些预防措施？…（130）
174. 叉车蓄电池极板硫化的原因是什么？应怎样
    处理？…………………………………………………（131）
175. 叉车蓄电池自放电的原因是什么？应怎样处理？…（132）
176. 叉车车架的常见故障与排除方法有哪些？…………（134）

第五部分　事故预防篇 ………………………………（135）

177. 构成企业内机动车辆事故的基本要素有哪些？……（135）
178. 为什么说任何车辆事故总会在一定的环境中产生？…（136）
179. 企业内机动车辆伤害事故的常见形式有哪些？……（136）
180. 怎样预防车辆启动伤害事故？常见事故形式和防范
    措施有哪些？…………………………………………（137）
181. 车辆启动的注意事项有哪些？………………………（137）
182. 怎样预防车辆起步事故？……………………………（138）

183. 车辆起步的注意事项有哪些？……………………（138）
184. 为何厂区道路会车容易发生事故？……………（138）
185. 怎样避免会车时发生事故？……………………（139）
186. 厂区内超车的特点和常见的超车事故形式有哪些？………………………………………………（139）
187. 怎样避免厂区内超车时发生事故？……………（140）
188. 为何在厂区道路倒车时容易发生事故？………（141）
189. 厂区内倒车、停车的注意事项有哪些？………（141）
190. 为何厂区平交道口容易发生事故？事故形式有哪些？………………………………………………（142）
191. 在厂区平交道口行驶的注意事项有哪些？……（142）
192. 为何厂区内夜间行车容易发生事故？…………（143）
193. 厂区内夜间行车的注意事项有哪些？…………（143）
194. 厂区内物流搬运车辆的制动有哪些操作方法？……（144）
195. 企业内机动车辆高速行驶为何容易发生事故？……（145）
196. 车辆技术状况不良为何容易发生事故？………（145）
197. 驾驶员技术不熟练为何容易发生事故？………（146）
198. 厂区道路状况不好为何容易发生事故？应如何避免？………………………………………………（146）
199. 厂区内交通事故分析的目的是什么？…………（146）
200. 厂区内交通事故分析的方法有哪些？…………（147）
201. 为什么要进行企业内机动车辆伤亡事故的状态分析？………………………………………………（147）
202. 企业内机动车辆事故的预防方针和基本原则是什么？………………………………………………（148）

203. 企业内机动车辆事故预防的安全教育和管理内容
有哪些？ ……………………………………………（149）
204. 企业内机动车辆和驾驶员安全管理的目的和主要内容
是什么？ ……………………………………………（150）
205. 企业内机动车辆安全管理的基本措施有哪些？ ……（150）
206. 为确保企业内机动车辆安全有哪些技术措施？ ……（151）
207. 企业应建立健全哪些企业内机动车辆的规章制度？ …（152）
208. 企业内机动车辆的安全规程有哪些？ ………………（153）
209. 企业内牵引车和牵引挂车的安全规程有哪些？ ……（153）
210. 企业内机动车辆装载有哪些规定？ …………………（154）
211. 企业内机动车辆行驶载人有哪些规定？ ……………（155）
212. 企业内机动车辆装载危险货物有哪些规定？ ………（155）
213. 企业内机动车辆的货物装卸和停车距离有哪些
规定？ ………………………………………………（156）
214. 企业内机动车辆在厂区行驶有哪些规定？ …………（157）
215. 企业内机动车辆驾驶员安全技术培训的目的
是什么？ ……………………………………………（158）
216. 参加企业内机动车辆驾驶员安全技术培训的要求有
哪些？ ………………………………………………（158）
217. 企业内机动车辆安全技术检验的依据有哪些？ ……（159）

参考文献 ……………………………………………………（160）

基本常识篇

1. 何谓企业内运输？企业内运输有哪些作业方式？

在企业生产区域内，根据生产需要，按照产品的生产路线、工艺流程，经常将原材料、半成品、零部件、成品、废弃物以及职工生活福利物资等运往储运地点的所有装卸、堆垛、搬运、输送等运输作业称为企业内运输。

1995年劳动部颁布的《厂区内机动车辆安全管理规定》中所称企业内机动车辆，是指限于厂区范围内（含码头、货场等生产作业区域或施工现场）行驶及作业的机动车辆。

在《中华人民共和国特种设备安全法》《特种设备安全监察条例》颁布后，根据国家有关管理部门的最新解释，"企业内"包含"厂区内"。因此，企业内机动车辆，是指仅限于工矿企业内、机关、团体、学校、生产作业区、工程施工现场、企业内火车专用线货场等，相对固定、范围有限的企业内行驶及作业的机动车辆。

企业内运输的作业方式有四种，即有轨运输（包含铁路车辆或其他专用装卸机械运输），无轨运输（如蓄电池车、履带移动机械和轮胎式起重机等），连续机械运输和人力搬运。

2. 企业内机动车辆与特种设备的功能有哪些？

企业内机动车辆与特种设备的主要用途是完成运输作业、搬运作业以及工程施工作业等。兼有装卸与运输作业功能，配备各种可拆换的工作装置或专用属具，能机动、灵活地适应多变的物料搬运作业场合，经济、高效地满足各种短距离物料搬运作业的需要。

3. 企业内机动车辆与纳入监管的特种设备车辆有哪些？

（1）企业内机动车辆。企业内机动车辆的种类很多，厂矿、企业自制、改装的机动车辆也很多。主要包括：仅允许在企业内行驶的各类轨道式搬运车辆（如工矿内燃机车、工矿电机车和电动平板车等），工业搬运车辆，工程建筑机械（如挖掘机等）和仅允许在企业内行驶的汽车。

企业内机动车辆包括定型产品、改装运输机械和企业自制运输设备等。

国家标准《机动车运行安全技术条件》（GB 7258—2017）中将机动车分为7类，即汽车、挂车、危险货物运输车辆、摩托车、拖拉机运输机组、轮式专用机械车（轮式自行机械车）、特型机动车。这些类型的机动车辆只要在企业内从事运输作业，都属于企业内机动车辆。

（2）纳入市场监督管理局监管的特种设备车辆。根据《中华人民共和国特种设备安全法》《特种设备目录》《场（厂）内专用机动车辆安全技术规程》（TSG 81—2022）规定：场（厂）内专用机动车辆，是指除道路交通、农用车辆以外仅在工厂厂区、旅游景区、游乐场所等特定区域使用的专用机动车辆，包括机动工业车辆和非公路用旅游观光车辆，这里的机动工业车辆指叉车。叉车是指可由司机直接操纵（含遥控），通过门架和货叉将载荷起升到一定高度进行作业的自行式车辆，包括平衡重式叉车、前移式叉车、侧面式叉车、插腿式叉车、托盘堆垛车和三向堆垛式叉车。

4. 企业内机动车辆有哪些特点？

由于企业内机动车辆施工和作业环境千差万别，不同环境的气候条件和地质条件相差悬殊，因此，要求企业内机动车辆的性能和质量具有广泛的环境适应性。

在同类企业中，企业内机动车辆的规格差别很大。履带式推土机的驱动功率从 40 kW 到 1 000 kW，单斗液压挖掘机的斗容量从 0.02 m^3 到 34 m^3，平衡重式叉车的起升重量从 0.5 t 到 42 t 等。这是由于不同的工作对象以及不同类型的工程对施工和作业的不同要求所决定的。

为降低产品成本并满足各种工程施工和作业的要求，可以在同一种底盘上更换不同的工作装置，以实现不同类型的施工和作业。例如，在同一台单斗液压挖掘机底盘上，可以更换正铲、反铲、抓斗、起重装置等上百种不同的工作装置；在叉车门架（货叉架）上可以配备各种叉车专用属具，如吊钩、夹持器、旋转夹、圆木夹等。

在有些类型的车辆上，同一种底盘上可以同时安装两种工作装置。例如，挖掘装载机在轮式底盘后端安装反铲挖掘装置，在前端同时安装装载装置，既可作为挖掘机使用，又可作为装载机使用。

各类车辆之间具有使用成套性。一般的工程施工和搬运作业均包含多道工序，用一种车辆往往无法完成全部工作，可使用相应的不同车辆，进行不同工序的连续作业，最后完成全部的工程施工和作业。

只有各种车辆的功能和作业率科学地匹配，才能合理而又经济的进行连续施工和作业，达到提高工作效率，缩短生产周期，降低运营成本的目的。

根据不同的作业要求，可以使用成套的设备进行综合机械化作业，也可以使用部分产品进行某一工序或某些工序的机械化作业，还可以用单机对某一工序进行作业。

5. 工业车辆如何分类？各有哪些特点？

《工业车辆　术语和分类　第1部分：工业车辆类型》（GB/T 6104.1—2018）规定："工业车辆"是指至少有三个车轮，并带有动力或非动力驱动装置的轮式车辆（轨道上运行的车辆除外），设计用于搬运、牵引、推顶、起升、堆垛或在货架上分层堆垛各种货物，并由一个操作者控制或无人驾驶自动控制。

按其作业方式不同，工业车辆分为以下几种：固定平台搬运车、牵引车和推顶车、堆垛用高起升车辆、伸缩臂式车辆、非堆垛用低起升车辆、拣选车。其中堆垛用高起升车辆是指具有平台、货叉或其他承载装置，可把货物起升到一定高度进行堆垛或堆放作业的车辆。主要包括以下几种。

（1）平衡重式叉车。平衡重式叉车是指具有承载货物（带托盘或不带托盘）的货叉（也可是其他属具），载荷相对于前轮呈悬臂状态，并且依靠车辆的重量来进行平衡的堆垛用起升车辆。

（2）前移式叉车（具有可伸缩的门架或货叉架）。前移式叉车是指带有外伸支腿，通过移动可伸缩的门架或货叉架进行载荷搬运的堆垛用起升车辆。

（3）插腿式叉车。插腿式叉车是指带有外伸支腿，货叉位于两支腿之间，载荷质心始终位于稳定多边形内的堆垛用起升车辆。

（4）托盘堆垛车。托盘堆垛车是指货叉位于支腿正上方的堆垛用起升车辆。

（5）侧面式叉车（单侧）。侧面式叉车是指门架或货叉架位于两车轴之间，可在垂直于车辆的运行方向横向伸缩，在车辆的一侧以平衡重式的方式进行装载、起升、堆垛或拆垛作业的起升车辆。

（6）侧面堆垛式叉车。侧面堆垛式叉车是指可在车辆运行方向的两侧进行堆垛和取货的高起升堆垛车辆。

（7）三向堆垛式叉车。三向堆垛式叉车是指可在车辆的前端及两侧进行堆垛或取货的高起升堆垛车辆。

按动力源分类：步行车辆、内燃车辆、电动车辆。

6. 挖掘机械如何分类？

挖掘机械用于开挖土方、石方等作业，按功能不同可分为通用型和专用型。

通用型挖掘机以单斗液压挖掘机为主（约占90%），按挖掘、回转、卸载和返回等动作做周期性间歇作业。它有数十种工作装置可以更换，可进行挖掘、装载、抓斗、起重、碎石、钻孔、推土和平整等作业。专用型挖掘机只装有一种工作装置，作业效率高，供特定的工程和矿山开采使用。

单斗挖掘机根据行走装置不同分为履带式、轮胎式、汽车式和步履式，根据工作装置驱动源和传动方式不同可分为机械式、电动式和液压式。这样形成了以下几个主要品种，即履带式机械单斗挖掘机、履带式电动单斗挖掘机、履带式液压单斗挖掘机、轮胎式机械单斗挖掘机、轮胎式电动单斗挖掘机、轮胎式液压单斗挖掘机、汽车式机械单斗挖掘机、步履式机械单斗挖掘机、步履式液压单斗挖掘机等。

7. 企业内机动车辆的安全使用性能有哪些?

（1）制动性。机动车辆的制动性是指车辆在行驶中能降低行驶速度以至停车的能力，它包括制动效能和制动方向稳定性两个方面。

制动效能受道路、气候条件、车型等影响。道路的路面是车辆制动赖以存在的条件，制动力受路面附着系数的限制。气候条件通过路面对车辆制动产生影响，例如，雨雪天气路面湿滑，附着系数下降，制动距离加大。在企业内机动车辆中，如蓄电池车、叉车、小型拖拉机、前置式翻斗车等，多为两个驱动车轮装有制动器，其制动效能比四轮均装有制动器的车辆差，这一特点应引起驾驶员注意。

制动方向稳定性是指车辆制动时不发生跑偏、侧滑而维持直线行驶或按预定弯道行驶的能力。制动跑偏是指车辆制动时自行向左或向右偏驶的危险现象。车轮摩擦力矩不均匀是发生跑偏的主要原因。侧滑是指汽车制动时某一车轴或两根车轴的车轮发生横向滑动的现象。最危险的是高速制动时后轴车轮发生侧滑，车辆出现不规则急剧回转运动，使车辆失去控制。

（2）操纵稳定性。车辆的操纵性是指车辆能够正确地按照驾驶员的要求，维持或改变原行驶方向的能力。车辆的稳定性是指车辆在行驶中抵抗侧滑和倾翻的能力，可分为纵向稳定性和横向稳定性。

操纵性和稳定性是两个不同的概念，但又密切相关。操纵性丧失往往导致整车侧滑、回转，甚至翻车。而稳定性被破坏往往导致车辆失去操纵，处于危险状态。因此，一般把操纵性和稳定性合称为车辆的操纵稳定性。良好的操纵稳定性是企业内机动车辆安全行驶的重要保证。这一性能常用汽车的稳定转向特性来进行评价。

企业内机动车辆由于轴距短，载货后重心偏高，很容易失去纵向稳定性。例如，前置式翻斗车超量装载驶于凸凹不平的路面或下陡坡时，在车速快时容易向前倾覆；推土机在往坑、沟填土时，忽视土质疏松的不安全因素，且求多推进一步而前倾翻车。可见，企业内机动车辆的操纵稳定性虽然与车辆的相关参数有关，但主要取决于驾驶员的安全操作技能。

8. 厂区道路有哪些分类和基本要求？

厂区道路根据位置、作用及交通的性质不同，一般分为以下6类：一是主干道，即全厂性的主要道路，一般为主出入口道路；二是次干道，即厂区内车间、仓库、码头等之间的主要交通运输道路；三是辅助道路，即车间和行人通过较少的道路，如专供通往厂区内外水泵站、总变电所等的道路及消防道路等；四是车间外道，即车间、仓库等出入口与主、次干道或辅助道路间相连接的道路；五是车间内通道，即设备、工序之间半成品、成品的运输道路；六是人行道，即车间之间的人行通道和人流量较大的主干道两侧所修筑的人行道。

厂区道路的基本要求是：企业应根据生产状态和工艺流程合理组织车辆运输，创造企业内运输、装卸作业的安全条件；企业内建筑物、设备、绿化带等严禁侵入道路的安全界限，并不得妨碍视线；现有侵限的围墙和各种临时建筑物必须拆除；拆除确有困难的永久性建筑物，在其大修或改造时应予以解决，未解决前应制定有效的安全措施，并在侵限处设置警告标志。

9. 厂区道路的安全要求有哪些？

厂区道路的几何线型、有关技术指标、路面质量、通过能力、交通设施及交通态势等对安全行车都会产生很大的影响。实践证明，厂区道路标准高、车道宽、设施齐全，则事故就少；厂区道路狭窄、凹凸不平、泥泞积水、坡度大等情况均会影响安全驾驶，往往容易发生交通事故。

为确保企业内车辆安全运行，首先要求厂区道路平面布置、宽度、路面、路层、土坡等应适应企业生产、运输、防振、防尘、搬运和装卸机械化以及企业的发展需要，并设置交通标志。其设置的位置、形式、尺寸及颜色等必须符合国家标准和公安部、交通运输部颁布的现行规定。厂区道路设计应符合国家标准《工业企业厂区内铁路、道路运输安全规程》（GB 4387—2008）的有关规定。例如，一般厂矿企业内主要道路宽度应为6~8 m，次要道路宽度为4~6 m，厂房引道应与车间大门宽度相适应。最大纵坡度不超过8%（经常运送易燃、易爆危险品的专用道路最大纵坡度不得大于6%）。厂区道路转弯半径影响车辆通行时，应进行适当调整。

厂区跨越道路上空架设的管线（或其他建筑物）距路面的最小净高不得小于5 m。厂区道路两侧应设置必要的交通标志和安全设施。在易燃、易爆产品的生产区域或储存仓库区，应根据安全生产的需要，将道路划分为限制车辆通行或禁止车辆通行路段，设置标志，并进行相应的安全管理。厂区道路的交叉路口，高峰时机动车辆流量每小时超过200辆，或自行车、行人流量每小时超过200人次，或交通比较繁忙而视线条件达不到规定要求时，均应有人指挥或设置信号灯。

厂区道路应经常保持路面平整，路基稳固，边坡整齐，排水良好，并应有良好的照明设施。厂区干道与职工人数较多的生产车间相衔接的人行通道，如跨越铁路线群，应设置地下通道或天桥。大、中型厂区道路应采取交通分流措施，人流较大的干道两侧应修筑人行道。厂区道路的弯道、交叉路口的横净距范围内，不得有妨碍驾驶员视线的障碍物。

10. 叉车装卸场地的安全要求有哪些？

道路的好坏对安全驾驶有很大的影响，道路不能狭窄、凹凸不平、泥泞积水、坡度大，否则容易发生事故。企业应根据生产规模和原材料储备量设置相应的装卸场地和堆场。装卸场地和堆场的地面应平坦、坚固，坡度不得大于2%，并应有良好的排水设施。要求道路的平面布置合理，宽度、路面、坡度应适应生产、运输、防振、防尘等要求，应符合当地的工业企业内运输安全规定。

11. 厂区道路的安全色和对比色有哪些？

厂区道路的安全色是表达安全信息含义的颜色，其目的是使人们能够迅速发现或分辨安全标志，并提醒人们注意，以防止发生事故。安全色有红、黄、蓝、绿四种。

红色表示禁止、停止、危险或提示消防设备、设施的信息，如交通禁令标志，机械的停止按钮、制动等；黄色表示提醒人们注意、警告的信息，如警戒标记等；蓝色表示指令性信息，即要求人们遵守的规定；绿色表示给人们提供的允许、安全的信息，如消防疏散通道、安全防护设备标志等。

对比色是使安全色更加醒目的反衬色。对于红色、蓝色、黄色、绿色四种安全色，相应的对比色分别是：红色、白色对比为禁止；蓝色、白色对比为指令；黄色、黑色对比为警告；绿色、白色对比为提示。

安全色和对比色相间条纹的作用是：红色和白色相间条纹表示禁止人们进入的危险环境；黄色和黑色相间条纹表示提醒人们特别注意；蓝色和白色相间条纹表示应遵守规定；绿色和白色相间条纹与提示牌共同使用，更加醒目地提示人们注意。

12. 厂区的交通安全标志有哪些？应如何设置？

安全标志由安全色、几何图形和图形符号等构成，用以表达特定的安全信息。补充标志的文字说明与安全标志同时使用。厂区交通安全标志的设置常用以下几种。

（1）警告标志是指警告车辆、行人注意危险地点的标志。其形状为等边三角形，顶角朝上。其颜色为黄底、黑边、黑图案。它在交叉路口使用时，即交叉路口和铁路与道路交叉点标志；在危险地点使用时，即危险、陡坡和急转弯等标志。

（2）禁令标志是指禁止或限制车辆、行人交通行为的标志。其形状分为圆形和顶角朝下的等边三角形。其颜色除个别外，均为白底、红圈、红杠、黑图案，图案压杠。主要作用是限制车辆行进，禁止通行，禁止车辆通行，对车辆加以某种禁止，禁止车辆停放，对车辆加以限制等。

（3）指示标志是指示车辆、行人行进的标志。其图形为长方形、正方形和圆形。其颜色为蓝底白色图案。

（4）辅助标志的颜色为白底、黑字、黑边框。其形状为长方形。它一般安装在主标志下面，紧靠主标志下缘。含义有表示时间、车辆种类、区域或距离，警告或禁令理由等，辅助标志共有17种。

厂区交通安全标志应结合厂矿需要制作和埋设，以预防企业内交通运输事故的发生。

13. 机动车辆动力装置有哪些？其功用和特点是什么？

企业内机动车辆广泛使用的动力装置主要有电动机和内燃机两种。

动力装置的功用是供给车辆工作所需的能量，驱动车辆运行，驱动工作装置和动力转向系统的液压泵，以及满足其他装置对能量的要求。

热力发动机是将燃料燃烧所得到的热能转变为机械能的机器。内燃机是热力发动机的一种，其特点是燃料直接在发动机内部燃烧。燃料在发动机外部燃烧的热力发动机称为外燃机，如蒸汽机、汽轮机等。内燃机与外燃机相比，具有热效率高、体积小、启动迅速等优点，因此广泛地应用在包括企业内机动车辆在内的各种车辆上。

14. 内燃机有哪些分类方式？其组成方式如何？

根据燃料不同，内燃机分为汽油机和柴油机。根据冷却方式不同，内燃机可分为水冷式发动机和空气冷却式（风冷式）发动机。按工作循环不同，内燃机可分为二冲程发动机和四冲程发动机。

根据气缸数目不同，内燃机可分为单缸和多缸两种。按排列方式不同，内燃机有直列立式、直列卧式、V型、对置气缸式、X型和星型等。按照进气方式不同，内燃机可分为非增压（自然吸气）内燃机与增压内燃机。

内燃机是一部由许多机构和系统组成的复杂机器，尽管其结构形式多种多样，但任何一台内燃机在工作时均完成进气、压缩、做功、排气四个过程。因此，要保证内燃机工作可靠，除了曲柄连杆机构以外，还要有配气机构、燃料供给系统、点火系统（柴油机无点火系统）、润滑系统和冷却系统等协调工作。

有些内燃机还有增压系统和电子控制系统。增压系统是将可燃混合气或新鲜空气进入气缸之前预先压缩以增大进气量。电子控制系统的作用是综合控制内燃机的点火时刻、燃油的喷油量、喷油时刻以及对内燃机实施的其他一些控制和管理功能，使内燃机在最佳状态下自动工作。

15. 内燃机的工作原理是什么？

一般把完成一次进气、压缩、做功和排气的过程称为内燃机的一个工作循环。对于活塞式内燃机，活塞在气缸内往复运动四次完成一个工作循环的，称为四冲程发动机。

四冲程发动机的工作原理如图 1-1 所示。

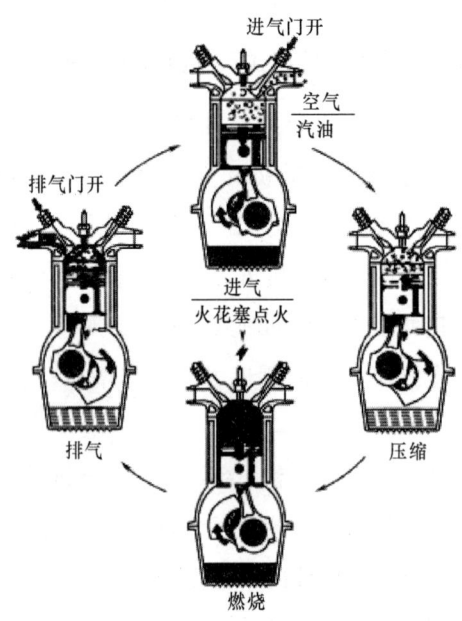

图 1-1　四冲程发动机的工作原理

16. 内燃机的主要性能指标有哪些？

内燃机的性能主要用它的动力性和经济性表示。在内燃机产品出厂的铭牌和使用说明书中都标注有代表性的性能指标，以便于使用人员了解内燃机的性能，达到正确、合理使用的目的。内燃机的主要性能指标有以下几种。

（1）有效转矩。内燃机飞轮上对外输出的转矩称为有效转矩。它是指燃料在气缸内燃烧发热、膨胀做功所产生的力，除了克服各部分摩擦阻力和驱动各辅助装置（如水泵、油泵、风扇、发电机等）之外，最后在飞轮上可以供给外界使用的转矩，单位为 N·m。

（2）有效功率。内燃机在单位时间内对外所做的功称为有效功率，单位为 kW（1 kW=1.36 hp）。

（3）有效燃料消耗率。内燃机每发出 1 kW 有效功率，在 1 h 内所消耗的燃料量（g），称为有效燃料消耗率（简称油耗），单位为 g/(kW·h)[1 g/(kW·h) = 0.736 g/(hp·h)]。

17. 发动机曲柄连杆机构由哪些部件组成？其功用是什么？

曲柄连杆机构是往复活塞式内燃机将热能转化为机械能的主要机构，是内燃机的主要组成部分。它由缸体曲轴箱组、活塞连杆组和曲轴飞轮组三部分组成。曲柄连杆机构将燃料在内燃机气缸内燃烧放出的热能转变为机械能，即将活塞承受的爆发压力通过活塞销、连杆、曲柄等传给曲轴，使活塞的往复直线运动变成曲轴的旋转运动。

曲柄连杆机构由运动件和固定件两部分组成。运动件部分由活塞组、连杆组、曲轴组等组成，它是将活塞的往复直线运动转变为曲轴旋转运动的机件。固定件部分（机体）用于支持内燃机以及安装各种附件，并作为内燃机往车体上安装的支座。

18. 发动机配气机构的功用是什么？怎样分类？由哪些部件组成？

配气机构的功用是：按发动机每一气缸的工作循环和点火次序，定时开启和关闭各气缸的进、排气门，使新鲜可燃混合气（汽油机）或空气（柴油机）及时进入气缸，燃烧后的废气及时从气缸内排出。

按气门的安装位置，配气机构可分为顶置气门式和侧置气门式两种基本形式。配气机构由气门组和气门传动组组成。

19. 凸轮轴的布置形式和传动方式有哪些？

凸轮轴的布置形式可分为下置、中置和顶置三种。它们都可用于顶置气门式配气机构，而侧置气门式配气机构的凸轮轴只能是下置式。

凸轮轴下置和中置的配气机构中的凸轮轴分别位于曲轴箱和气缸体上部。对于高转速的发动机，为了减小做往复运动的气门传动机构的重量，可将凸轮轴的位置移到气缸体的上部，由凸轮轴经过挺柱直接驱动摇臂而省去推杆，这种结构被称为凸轮轴中置式配气机构。当曲轴的中心线与凸轮轴的中心线距离较远时，如果仍用一对齿轮来传动，齿轮的直径势必会过大，这时一般要在中间加入一个中间齿轮（惰轮）。凸轮轴顶置式配气机构的凸轮轴布置在气缸盖上。

曲轴与凸轮轴之间的传动方式有齿轮传动、链传动和带传动三种。凸轮轴下置和中置的配气机构大多采用圆柱形正时齿轮传动。链传动特别适用于凸轮轴顶置的配气机构，为使链条在工作时具有一定的张力而不至于脱链，一般都装有导链板和上、下链条张紧轮等，为了使链条调整方便，有的发动机使用一根链条传动。近年来，在高速车用发动机上还广泛地采用带传动来代替链传动，这种传动方式对于降低噪声、减小结构重量和降低成本都有很大的好处。

20. 什么是气门间隙和配气相位？

发动机工作时，气门将因温度的升高而膨胀，如果气门及其传动件之间在冷态时无间隙或间隙过小，则在热态时因气门及其传动件的受热膨胀势必会引起气门关闭不严，造成发动机在压缩和做功行程中漏气，从而使功率下降，严重时甚至不易启动。为了消除这种现象，通常在发动机冷态装配时，在气门与其传动机构中留有适当的间隙，以补偿气门受热后的膨胀量，这一间隙通常称为气门间隙。气门间隙实际上是指气门杆端与摇臂（顶置式）或气门杆端与挺杆（侧置式）之间的间隙。在使用过程中，应将气门间隙调得符合标准。

配气相位就是进气门和排气门的实际开闭时刻，通常用相对于上止点和下止点曲轴位置的曲轴转角的环形图来表示，这种图形常被称为配气相位图。现代发动机采取延长进气和排气时间的方法，即气门开启和关闭的时刻并不正好是曲轴处在上止点和下止点的时刻，而是分别提早和延迟一定的曲轴转角，以改善进气和排气状况，从而提高发动机的动力性。在排气行程接近终了，活塞到达上止点之前，即曲轴转到离曲轴的上止点还差一个角度时，进气门便开始开启，直到活塞过了下止点后又上行，即曲轴转到超过曲轴下止点以后一个角度时，进气门才关闭。

21. 汽油机燃油供给系统由哪些部件组成？其工作原理是什么？

汽油机燃油供给系统根据发动机各种不同的工况要求，将汽油和空气混合成适当比例的可燃混合气，供入气缸，燃烧做功后将废气排至大气中。它由汽油供给装置（包括油箱、汽油滤清器、汽油泵和油管）、化油器、空气滤清器、进气歧管、排气歧管和排气消声器等组成。

工作原理：汽油机工作时，汽油泵将汽油从汽油箱中吸出，流经汽油滤清器，排除其中所含杂质后，再将汽油送到化油器中；空气则经空气滤清器滤去所含灰尘后进入化油器；汽油在化油器中实现汽化，并与空气混合形成可燃混合气，经进气歧管分配到各个气缸；混合气燃烧生成的废气经排气歧管和排气消声器排到大气中。

22. 柴油机燃油供给系统的功用和工作原理是什么？由什么组成？

柴油机燃油供给系统是柴油机的重要组成部分，它对整机的动力性、经济性、可靠性和耐久性都有较大的影响。柴油机燃油供给系统的功用是向气缸供给清洁的空气，按柴油机工况的要求定时、定量地向燃烧室喷入高压燃油，并将燃烧的废气排到大气中去。

工作原理：柴油箱中储有柴油，被输油泵泵出，经滤清器滤去杂质后进入喷油泵；喷油泵将柴油提高压力，再经高压油管进入喷油器并喷入燃烧室；因输油泵的供油量比喷油泵的供油量大，过多的柴油从回油管回到输油泵；空气经空气滤清器滤清后进入进气管，再经气缸盖上的进气道进入燃烧室；进入燃烧室的空气与喷入的柴油混合，形成可燃混合气并开始燃烧；燃烧做功后，废气由气缸盖内的排气道、排气管及消声器排入大气中。

柴油机燃油供给系统由燃油供给、空气供给、混合气形成和废气排出四部分组成。具体地说，由空气滤清器、进气歧管、柴油箱、高压油管、低压油管、柴油滤清器、输油泵、喷油泵、喷油器、调速器、排气管及消声器等组成。

23. 润滑系统的功用是什么？由什么组成？

润滑系统的功用是将机油不断供给到发动机各零件的摩擦表面上，以减少摩擦磨损，并带走磨屑等杂质，清洁和冷却摩擦表面，还可提高气缸的密封性和耐磨性。

发动机润滑系统由机油泵、限压阀、机油滤清器、压力传感器和机油压力表等组成。

24. 冷却系统的功用是什么？由什么组成？

冷却系统的功用是将在高温条件下工作的发动机零件的热量散发到大气中去，以保持发动机能在适宜的温度范围内工作。

发动机的冷却系统有风冷与水冷之分，以空气为冷却介质的冷却系统称为风冷系统；以冷却液为冷却介质的冷却系统称为水冷系统。机动车辆发动机大多采用强制循环水冷系统，即利用水泵提高冷却液的压力，强制冷却液在发动机中循环流动。这种系统由水泵、散热器、冷却风扇、节温器、补偿水箱、发动机机体和气缸盖中的水套以及其他附加装置等组成。

25. 以内燃机为动力的车辆的电气系统有哪些结构特点？

以内燃机为动力的车辆的电气设备主要由发动机的启动系统和信号照明系统组成。一般包括发电机、电压调节器、蓄电池、起动机以及开关、仪表和照明装置等。这些电气元件采用单线制连接，常用的额定电压为直流 12 V 或 24 V。主要组成部件的作用与要求如下。

发电机是为车辆补给电能的重要部件。通常使用硅整流交流发电机，工作时发出三相交流电，通过装在发电机内的 6 个硅二极管进行全波整流后输出直流电压。它与电压调节器配合使用。

电压调节器的作用是当发电机转速变化时，自动调节发电机输出电压，使其处于正常工作范围内。调节器如需调整，应由专业人员操作，调整铁心间隙可改变轻载和重载时的调整电压差值，调整调节弹簧（即触点间隙）可变更调整电压的上限值和下限值。

蓄电池与发电机并联工作。在正常情况下，当发电机电压高于蓄电池电压时，蓄电池被充电；反之，蓄电池放电供给整个电气系统。由于车辆启动会消耗蓄电池大量的电能，使其电压降低，因此，启动后蓄电池应能得到发电机的充电。若蓄电池电量补充不足，则应检查发电机与电压调节器的工作状况，并对蓄电池进行外部充电。否则，不但不能正常启动发动机，还会损坏蓄电池。

起动机为带有齿轮啮合机构的四极短时额定工作制串激直流电动机。起动机上装有电磁开关和多片式摩擦离合器。当装在仪表架上的启动开关使得电磁开关的继电器电源接通时，电磁开关动作，带动有关机构推出齿轮与发动机飞轮齿圈啮合，从而使曲轴转动，启动发动机。

26. 蓄电池的结构原理是什么？

蓄电池由3个或6个单格电池串联而成，每个单格电池的电压约为2 V，串联成6 V或12 V以供车辆选用。蓄电池主要由极板、隔板、电解液和外壳组成。

蓄电池俗称电瓶，是一种储存电能的装置，能实现电能和化学能的转换，在充电时电能转化为化学能，放电时化学能又转化为电能。电池在放电时铅是负极，发生氧化反应，被氧化为硫酸铅；二氧化铅是正极，发生还原反应，被还原为硫酸铅。电池在用直流电充电时，两极分别生成铅和二氧化铅。移去电源后，它又恢复到放电前的状态，组成化学电池。当车辆工作时，蓄电池放电，再把化学能转化为电能，驱动电动机等机构运转。

27. 蓄电池的放电和充电有哪些特性？

放电时，蓄电池的端电压是用电压表在两极上测量出来的电压值。当开关断开时，电灯熄灭，电路中没有电流流过，所以此时蓄电池的端电压和电动势相等。在恒定的放电电流下，蓄电池进行放电时，电解液的相对密度随着时间的延长逐渐下降，电动势与电解液的相对密度成正比。所以，电动势也随着放电时间的延长逐渐下降，蓄电池的内阻则随着电解液相对密度的下降而增大。

蓄电池是否放电终止，通常用下列两个标准进行判断：单格电池电压降到放电终止电压；电解液的相对密度降到最小许可值，牵引型蓄电池电解液相对密度的最小许可值为 1.15。

充电时，电源的正极接蓄电池的正极。为了使充电电流保持恒定，在充电电路中串联可变电阻。充电时不断调节可变电阻，以保持充电电流不变。充电电流与放电时相反，这时蓄电池已不是电源，而是发电机的负载，其端电压等于电动势与内阻电压降之和。

判断蓄电池确实充足电的依据是：蓄电池端电压达到 2.7 V，并保持 3 h 不变；蓄电池电解液发生大量气泡，呈"沸腾"状态；电解液的相对密度达到规定值（1.25～1.26）后，继续充电 3 h 后不再升高。

28. 蓄电池车的蓄电池组应如何选用？

若干单体蓄电池串联起来，便构成蓄电池组。选用蓄电池组需确定额定电压和额定电流两个技术参数。而串联蓄电池组的额定电压即等于单体蓄电池的标称电压乘其个数（$U=2n$，n 为个数）。我国标准规定蓄电池组额定电压为 24 V、36 V、48 V、72 V。

蓄电池组的额定电压应根据车辆的实际工况选择。蓄电池组的容量与单体蓄电池的容量是一致的。容量根据所需功率或平均电流来选择。

29. 交流发电机及其调节器的结构特点有哪些？

常见的交流发电机是机动车辆上的重要电源，它与发电机调节器配合工作。其主要任务是对除起动机外的所有用电设备供电，并向蓄电池充电。

交流发电机通常由定子、转子、端盖及轴承等部件构成。定子由定子铁心、线包绕组、机座以及固定这些部分的结构件组成。转子由转子铁心（或磁极和磁轭）、绕组、护环、中心环、滑环、风扇及转轴等部件组成。由轴承及端盖将发电机的定子、转子连接并组装起来，使转子能在定子中旋转，做切割磁感应线的运动，从而产生感应电动势，通过接线端子引出，接在回路中，便产生电流。

触点式电压调节器应用较早，这种调节器触点振动频率低，存在机械惯性和电磁惯性，电压调节精度低，触点易产生火花，对无线电设备干扰大，可靠性差，使用寿命短，现已被淘汰。

随着半导体技术的发展，采用了晶体管调节器。晶体管调节器的三极管的开关频率高，且不产生火花，调节精度高，还具有重量小、体积小、使用寿命长、可靠性高、电波干扰小等优点，因而得到广泛应用。

30. 交流发电机及其调节器的工作原理是什么？

交流发电机发电的基本原理是电磁感应原理，它与发电机调节器配合工作，当发电机达到一定转速后向用电设备供电，并向蓄电池充电。

由于交流发电机的电枢绕组阻抗大，能自动限制最大输出电流，二极管的单向导电性能防止蓄电池的电流倒流入发电机。所以，交流发电机不需要节流器和断流器，只需要电压调节器。

当发电机转速低时，蓄电池的电流通过发电机磁场线圈进行励磁，产生磁场。蓄电池还通过调节器铁心线圈使铁心产生一定吸力，从而产生电流。

发电机转速升高时，输出电压高于蓄电池电压，蓄电池不再供电，磁场线圈的电流由发电机自行供给。

当发电机的电压超过限额电压时，铁心产生的吸力克服了活动触点臂的弹簧拉力，使触点断开。于是在磁场线圈电路中，由于触点断开而自动将电阻接入，磁场电流减小，磁场削弱，使发电机输出电压略为降低。由于输出电压降低，铁心线圈的电流减小，铁心吸力减弱，触点在弹簧拉力下又闭合，磁场电流不经电阻而又得以增大，磁场增强，输出电压再次升高。如此重复上述过程，使输出电压保持稳定。当发电机转速高时，由于电压继续升高，铁心吸力增大，把活动触点臂吸得更低，使触点闭合。此时，原来通过磁场线圈的电流因触点搭接而被短路，直接流回电枢线圈。

31. 汽油机点火系统的结构特点及各部分的功用是什么？

点火系统的作用是将电源的低压电变成高压电，并按发动机的工作顺序适时地送入火花塞点燃混合气,使发动机工作。点火系统由点火线圈、分电器、火花塞、高压线、点火开关等组成。

点火线圈的功能是将低压电变为高压电。在触点断开的瞬间,低压线圈中的电流立即消失,使磁场中的磁感应线突然收缩并切割高压线圈,使高压线圈产生很高的互感电压,送入火花塞产生电火花。

分电器用于按发动机的工作顺序切断点火线圈的低压电流,同时将点火线圈产生的高压电分配给各缸的火花塞。它由分电器壳、分电器轴、断电器、电容器及点火提前调节装置组成。

火花塞用于将高压电引入燃烧室,并击穿它的电极间隙而产生电火花,点燃混合气。它由火花塞壳体、中央电极和旁电极组成,外壳上面是六面体,便于拆装,下部有螺纹,用以旋入气缸盖中。火花塞壳内装有瓷质绝缘体,中心电极固定在绝缘体中,旁电极固定在外壳下端。两电极间隙为 0.6~0.8 mm,间隙的大小可通过扳动旁电极来调整。

点火开关用来控制点火系统电源的断开或接通。其构造种类很多,常用的有两接柱、三接柱和四接柱,各接柱分别与电源、点火线圈、仪表及其他用电设备连接。

32. 蓄电池车的动力部分有哪些结构特点?

蓄电池车的动力部分主要由充电机、蓄电池、调节器及电动机等组成。

工作时,蓄电池车通过充电机将电能储存在蓄电池中,然后蓄电池经调节器向电动机供电。

来自加速踏板的信号输入调节器,通过调节器控制电动机输出的转速和转矩。电动机的动力输出经传动系统驱动车轮和工作位置。

企业内机动车辆上广泛采用低压直流电动机，除用来驱动行走机构外，还分别驱动工作装置的液压泵和动力转向油泵等。

驱动行走机构的电动机称为牵引电动机，它采用直流串励电动机。这是由于串励电动机具有软的机械特性，能适应车辆运行的要求，且比较经济。这种电动机的励磁绕组与电枢绕组串联，电枢电流增大时，磁极的磁通量也增加，电动机的转矩不仅由于电枢电流的增大而提高，同时也由于磁通量的增大而提高，在磁极磁通量未饱和的情况下，电动机转矩几乎与电枢电流的平方成正比。因此，可在电枢电流较小（与其他励磁形式的电动机比较）的情况下获得较大的转矩。这对减小蓄电池的放电电流，充分利用蓄电池的容量也有好处。

33. 蓄电池车的电气系统有哪些结构特点？

蓄电池车是由若干个且每个电压为 2 V 的单体蓄电池组成的，其电压为 24 V、36 V、48 V、80 V 等多种。

直流电动机是一种将直流电能转换为机械能的装置。在蓄电池叉车中，直流电动机被用作运行电动机、驱动液压泵电动机、转向电动机。直流电动机的固定部分称为定子，它包括主磁极、换向磁极、机座、端盖和刷架几个分部件；转动部分称为电枢。

蓄电池车的操作主要是通过主令电器来接通和分断控制电路，它包括转换开关、行程开关和按钮等。转换开关能对电路进行多种转换，由于转换的线路较多，用途又广泛，所以又叫万能转换开关。行程开关是利用机械部件的位移而动作的电器，如蓄电池叉车控制液压泵电动机即采用微动式行程开关。当操作分配阀手柄移到某位置时，行程开关可控制电动机的工况。

虽然蓄电池车的控制电路复杂，但在驾驶室内除控制操作手柄外，仪表盘上的指示仪表相对内燃发动机驱动的车辆要少得多。因为依靠蓄电池驱动时，主要有工作电压指示表和行驶速度表。

电压表可表示蓄电池的充电、放电过程。在目前蓄电池车使用的晶体管脉冲调速控制系统中，还设有电池过放电时自动切断电动机电路的放电指示器，以及电动机碳刷磨损监控器。

车辆使用的灯具有大、小照明灯，制动灯，转向灯以及倒退指示灯等。车辆灯具要求安装牢固，对灯泡要有保护装置，不得因为车辆的正常工作振动而松脱、损坏、失去作用。所用灯具开关要可靠，开启、关闭应自如，也不得因车辆的振动自行开启或关闭。

第二部分 底盘须知篇

34. 机动车辆传动系统的基本功能与要求有哪些？

企业内机动车辆的动力装置和驱动轮之间的所有传动部件总称为机动车辆传动系统。轮式装载机的传动系统简图如图2-1所示。机动车辆传动系统的基本功能就是将发动机发出的动力传给驱动车轮。它的首要任务就是与发动机协同工作，以保证车辆能在不同使用条件下正常行驶，并具有良好的动力性和燃油经济性。在使用过程中，由于机动车辆传动系统工作条件恶劣，转速与负荷经常变化，同时受各

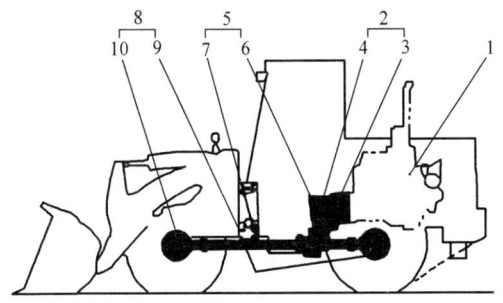

图2-1 轮式装载机的传动系统简图

1—发动机 2—变速器 3—变矩器 4—变速箱 5—传动轴 6—后传动轴
7—前传动轴 8—驱动桥 9—后桥 10—前桥

种因素的影响，其零部件会产生不同程度的松动、磨损、机械损伤和锈蚀。某些机件还处于高温、高压等苛刻条件下工作。因此，传动系统在车辆运行中故障较多，是车辆检测的重点。为保证机动车传动系统的运行正常、可靠，发挥其潜在能力，并保持良好的技术状况和较长的使用寿命，应采取经常性的维修、养护措施，防止不应有的损坏，及时查明故障隐患并予以消除。

35. 内燃机驱动的车辆机械传动系统的结构特点有哪些？

内燃机驱动的机械传动系统由离合器、变速器、万向传动装置和驱动桥等机件组成。

机械传动具有结构简单、工作可靠、价格低廉、质量轻、效率高以及可利用发动机运行零件的惯性进行作业等优点，因此在中小功率的车辆上得到广泛的应用。

但机械传动存在以下主要缺点：内燃机容易过载熄火，人力换挡时换挡动力中断时间长，传动系统零件及动力装置因冲击载荷大和外载荷急剧变化而降低使用寿命。

36. 液力机械传动系统的结构特点有哪些？

企业内机动车辆液力传动也称动液传动，其特点是传动系统中装有液力元件，由于在液力元件之后串联安装了一个机械变速器，因而多将这种传动称为液力机械传动。

液力机械传动具有以下优点：能在规定范围内根据外界阻力的变化，自动进行无级变速；由于变矩器的自动变速能力，可减少变速箱的挡位数，简化变速箱的结构；变矩器以液体为传递动力的介质，因而减小了零件的冲击载荷，提高车辆的使用寿命；由于自动无级变速,因而车辆起步平稳,并可得到任意小的行驶速度。

与机械传动相比,液力机械传动的主要缺点是传动效率低,即起步不能利用飞轮的动能,不能利用发动机制动,以及在发动熄火后,不能拖车转向和拖车启动。

37. 液压传动系统中执行元件的结构特点有哪些?

企业内机动车辆多采用低速大转矩液压马达,易于实现左、右驱动轮的分别驱动,液压传动具有以下优点:液体的工作压力比气体的工作压力高,传递的力或力矩大;与气压传动相比,在同等功率情况下,液压执行元件体积小,重量小,结构紧凑;液体具有不可压缩性,夹紧刚度较高;液压传动装置工作平稳,由于重量小,惯性小,油又有吸振能力,便于实现快速启动、制动和频繁的换向;使用油液作为工作介质时,可以自行润滑运动构件,有利于延长元件的使用寿命;由于液压传动的压力、流量及方向是可控制的,再加上电子技术的应用,便于实现自动化,控制方便,可在很大范围内实现无级变速,还可以在运动过程中进行调速,容易实现直线运动;液压传动的元件已实现标准化、系列化,对制造、设计和使用都很方便。

但液压系统结构复杂,液压元件制造精度要求高,使制造比较困难,尤其是用于控制的液压阀,为防止油液的泄漏,对零件的加工精度要求非常严格,因而成本比气压元件高;为防止泄漏对工作效率及工作平衡性的影响,对密封要求较为严格,即便如此,泄漏也难以避免。油液的黏度随温度的变化而变化,会直接影响传动机构的工作性能,因此,在低温及高温条件下采用液压传动较为困难。液压传动系统的控制部分比气压传动复杂,不适合远距离操纵,除非采用电液联合控制。

38. 电传动系统的结构特点有哪些？

车辆最常采用的电传动系统为"电动轮"的形式。其基本原理是：内燃机带动直流发电机，然后用发电机输出的电能驱动装在车轮中的直流电动机，车轮和直流电动机（包括减速器）装成一体，称为"电动轮"。电传动的优点在于：一是动力装置（内燃机—发电机）和车轮之间没有刚性联系，便于总体布置及维修；二是变速操纵方便，可以实现无级变速，因而在整个变速范围内都可以充分利用发动机的功率；三是电动轮通用性强，可简单地实现任意多驱动轮驱动的方式，以满足不同机械对牵引性能和通过性能的要求；四是可以采用电力制动，在长坡行驶时可大大减轻车轮制动器的负荷，延长制动器的使用寿命；五是容易实现自动化。电传动的主要缺点是：价格高，自重大，并要消耗大量的有色金属。目前，仅用于一些大功率的矿用车辆上。

39. 主离合器的功用和要求有哪些？

主离合器装在发动机和变速器之间，用来切断或传递发动机传给传动系统的动力。

主离合器的功用是：在企业内机动车辆起步时，可以使发动机与传动系统柔和地结合起来，使车辆平稳起步；换挡时，能将发动机与传动系统迅速、彻底地分离，以减小换挡时齿轮产生的冲击，换挡后，再平顺地结合起来；当传动系统受到过大的载荷时，主离合器又能打滑，以保护传动系统免遭损坏；分离主离合器，可使车辆短时间停车。

对主离合器的要求是：可靠地传递发动机的最大转矩，为此应保证离合器的摩擦转矩大于发动机的最大转矩；分离迅速、彻底，结合柔和、平顺；应避免使传动系统产生共振，并降低传动系统在速度变化时的动载荷；从动部分的转动惯量要小，以减小换挡冲击；通风散热良好；有足够的使用寿命，操纵轻便，结构简单，维修方便，重量小。

40. 变速器的功用、类型和特点有哪些？

在内燃机驱动的企业内机动车辆传动系统中，由于内燃机的转矩与转速变化范围较小，不能满足车辆在各种工况下对牵引力和行驶速度的要求，常采用变速器来解决这种矛盾。

（1）变速器的功用。改变传动比，扩大驱动轮转矩和转速的变化范围，以适应经常变化的行驶条件，同时，使发动机在经济（功率较高而油耗较低）的工况下工作；在发动机曲轴旋转方向不变的情况下，使汽车能倒退行驶；利用空挡中断动力传递，使发动机能够启动、怠速，并便于变速器换挡或进行动力输出。变速器是由变速传动机构和操纵机构组成的，需要时，还可以加装动力输出器。

（2）变速器的类型和特点。按操纵方式不同，变速器分为机械式换挡和动力换挡。

1）机械式换挡。机械式换挡是指通过人力操纵机构拨动滑动齿轮或结合套进行换挡。拨动滑动齿轮换挡时，双联滑动齿轮用花键与轴相连接，拨动该齿轮使齿轮副相互啮合，从而改变了传动比。

2）动力换挡。齿轮用轴承支撑在轴上，与轴空转连接。通过相应的换挡离合器，分别将不同挡位的齿轮与轴相固连，从而实现换挡。

41. 万向传动装置的功用和特点是什么？它由哪些部件组成？

万向传动装置广泛应用于变速器与驱动桥的连接。当汽车行驶时，车轮的跳动会造成传动轴与变速器输出轴的相对位置不断变化，故变速器的输出轴与传动轴不可能刚性连接，需安装万向传动装置。车辆万向传动装置主要用在两轴线不重合，且在车辆运行中不断改变相对位置的轴之间的动力传递，用在变速器与驱动桥之间的连接。万向传动装置主要由万向节和传动轴组成。万向节按工作特性不同可分为普通万向节和等角速万向节。

42. 十字轴万向节的构造和传动特点有哪些？

十字轴万向节主要由一个十字轴和两个万向节叉组成。万向节叉上的孔分别套在十字轴的两对轴颈上。当主动轴转动时，从动轴可随之转动，而十字轴绕其中心可在任意方向摆动。

十字轴万向节的传动特点是被连接的两相交轴的瞬时角速度不相等。为了克服这一缺点，常采用两个十字轴万向节组成的双万向节传动。

43. 传动轴的结构特点有哪些？

企业内机动车辆的传动轴由轴管、伸缩套和万向节组成。伸缩套能自动调节变速器与驱动桥之间距离的变化并传递动力。传动轴一般较长，且转速高，必要时应加中间支撑，以减小其长度。

传动轴的结构有以下特点：广泛采用空心传动轴，这是因为在传递相同转矩的情况下，空心轴具有更高的刚度和强度，而且质量小；传动轴是高速转动件，为了避免惯性力引起的剧烈振动，要求传动轴的重量按旋转轴线均匀分布，故通常不用无缝钢管，而是用钢板卷制对焊成管形圆轴；当传动轴与万向节叉装配以后，要经过动平衡，用焊小钢片（作为平衡片）的办法使之平衡，平衡后应在万向节叉和传动轴上刻上记号，以便拆装时保证两者原来的相对位置。传动轴上有花键连接部分，传动轴一端焊有花键接头轴，与万向节滑动叉的花键套接合；这样传动轴允许伸缩，花键长度应保证传动轴在各种工况下既不脱开又不顶死，为了润滑花键，通过油嘴注入润滑脂（油），用油封防止润滑脂（油）外流，有时还加防尘套；传动轴另一端则与万向节叉焊成一体。

44. 驱动桥的功用与要求有哪些？

企业内机动车辆驱动桥的作用是将发动机产生的动力最终传递给驱动车轮，且允许左右驱动车轮以不同转速旋转，并将驱动车轮承受的牵引力、制动力及其他载荷通过悬架传递给车架。各种车辆的驱动桥大致相同，主要由主减速器、差速器、半轴和桥壳组成。运行中作用在后桥壳上的力有车辆自重、车轮牵引力、制动力和侧向力。这些力容易使后桥及半轴套管产生较大的弯曲、扭转、剪切等应力。当超载和在不良路面高速行驶时，剧烈颠簸、振抖，以及加速、减速过猛和使用紧急制动时，容易产生弯曲变形和断裂。

车辆主减速器、差速器装置在使用中应工作正常，不松旷，无异响，半轴螺钉齐全、紧固，驱动桥不漏油。驱动桥壳和差速器应完好，油面维持在油面检查螺孔以上，不足时应及时添加。

45. 行驶系统的功用与结构特点是什么？

机动车辆行驶系统的主要功用是：支持整车的重量和载荷，并保证车辆行驶和进行各种作业；接受由发动机经传动系统传来的转矩，并通过驱动轮与路面间的附着作用产生路面对驱动轮的牵引力，以保证汽车正常行驶；传递并承受路面作用于车轮上的反力及其所形成的力矩；缓和不平路面对车身造成的冲击，并缓冲其振动，保证汽车行驶的平顺性；与汽车转向系统协调地配合工作，实现汽车行驶方向的正确控制，以保证汽车操纵的稳定性。

企业内机动车辆普遍采用轮式行驶系统，图2-2所示为R922型挖掘机行驶系统。行驶系统多由车架、车桥、车轮和悬架等组成，车架通过悬架连接车桥，而车轮则安装在车桥的两端。对于行驶速度较低的各种作业车辆，为了保证其作业时的稳定性，一般不装悬架，而将车桥直接与车架相连接，仅依靠低压橡胶轮胎缓冲和减振，因此其缓冲性能比装有弹性悬架的汽车差。

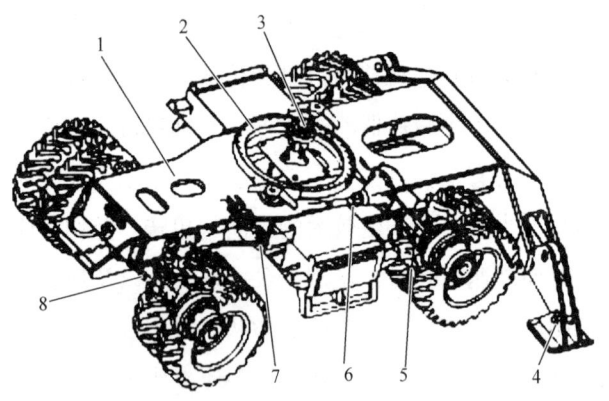

图2-2　R922型挖掘机行驶系统

1—车架　2—回转支撑　3—中央回转接头　4—支腿　5—后桥
6—传动轴　7—液压马达及变速器　8—前桥

46. 行驶系统在使用中有哪些要求?

车架应无裂纹、开裂或锈蚀现象,螺母、螺栓、铆钉不得短缺、松动、锈蚀,无影响强度、刚度的缺陷,无妨碍四个轮胎同时着地的变形。前、后桥不得有变形和裂纹。轮毂锁止完好、可靠,安装松紧适度。钢圈应完整,无裂损和变形。轮辐端面或轮辋表面对钢圈轴线的端面圆跳动误差应不大于 3 mm。螺孔孔径磨损量应不大于 1.5 mm。外露的轮胎应有防护装置,并固定牢靠。

47. 车架有哪些功用与结构形式?

车架是支承、连接汽车的各总成,使各总成保持相对正确的位置,并承受汽车内、外各种载荷的骨架。车架通过悬架装置坐落在车轮上。由于车架是车辆的基础,要承受车辆内、外的各种载荷,因此,要求车架具有足够的强度、合适的刚度、结构简单、重量小等特点。同时,还应尽可能地降低车辆重心和获得较大的前轮转向角,以保证车辆行驶时的稳定性和转向灵活性。目前,企业内机动车辆车架的结构形式主要有边梁式车架和中梁式车架(或称脊骨式车架)。

48. 轮胎有哪些功用与结构特点?

轮胎安装在轮辋上,直接与地面接触。它的功用是承受载荷,产生驱动力与制动力,缓冲和吸振,改变车辆的行驶方向,使车辆在凸凹不平的路面上安全、自由、迅速、舒适地行驶。

轮胎由内胎、衬带和外胎组成。内胎是一个环状橡胶管,管壁上装有气门嘴,空气由气门嘴压入,使内胎具有一定的弹性。衬带是一个带状橡胶件,它衬在内胎下面,使内胎不与轮辋及外胎的硬胎圈直接接触，以防止内胎擦伤或因卡到胎圈与轮辋之间而夹伤。外胎是一个保护内胎的有一定强度的弹性外壳。它主要由胎面、胎体和胎圈等组成。胎面包括胎冠、胎侧和两者之间的胎肩三部分。经常与地面接触的胎冠要求具有耐磨性能，并具有一定形状的花纹，以提高轮胎在地面上的附着力。胎体由帘布层和缓冲层组成。

49. 悬架有哪些功用与结构特点？

悬架是车架与车桥（或车轮）之间进行传力连接的装置。它的功用是连接车桥和车架；传递两者之间的各种作用力和力矩；抑制并减小由于路面不平而引起的振动，保持车身和车轮之间正确的运动关系，保证汽车的行驶平顺性和操纵稳定性。

悬架一般由弹性元件、导向装置和减振器组成。弹性元件的作用是承受和传递垂直载荷，缓和并抑制不平路面所引起的冲击；导向装置用来传递纵向力、侧向力及其力矩，并保证车轮相对于车身正确的运动关系；减振器用以加快振动的衰减，使车身和车轮的振动得以控制。

钢板弹簧本身既是弹性元件，又有减振、导向、传力的功能，因而使用钢板弹簧的悬架无须安装导向杆件。企业内机动车辆中的叉车一般为前桥驱动，后桥转向。这是由于前桥承载极大，转向阻力大；另一方面，悬架中的弹性元件制造较为困难，并且在叉取和搬运货物时需要确保车身平稳，所以前桥与车架采用直接连接方式。

50. 转向系统的功用与要求有哪些？

转向系统功用是当左右转动方向盘时，通过转向联动机构带动转向轮，改变车辆行驶方向。

在机动车辆上的所有总成和零部件（除制动系统外）中，前桥和转向系统对行车安全至关重要。一般来说，机动车辆的其他机构发生故障时，人们还可以采取一定的措施，不至于造成严重事故。而前桥、转向系统则不然，一旦出现问题，很容易造成车毁人亡的恶性事故。

机动车辆转向系统的故障绝大部分是由于使用中的正常磨损所引起的，但是，有时也会因缺少定期检查、调整和润滑而加速这些磨损的发生。转向系统技术状态变坏，不仅会降低汽车的操纵灵活性，而且直接影响行车的安全。为此，应及时做好汽车转向系统的检修与调整工作，并按说明书要求做好各项检修与养护工作，以确保车辆在各种道路、各种速度下行驶时转向系统都能安全、可靠地工作。

51. 转向系统的结构原理有哪些？

机动车辆上的转向系统由转向操纵机构、机械转向器和转向传动机构三部分组成。驾驶员操纵转向器工作的机构叫作转向操纵机构，包括转向盘、转向轴、带万向节的转向传动轴等机件。机械转向器是一个减速增扭机构，用来解决转向阻力矩很大而驾驶员体力小的矛盾。

在使用过程中，转向传动机构是指将转向器输出的力和运动传给两个转向节，从而使两侧转向轮按一定关系进行偏转的机构。转向传动机构包括转向摇臂、转向主（纵）拉杆、转向节臂、转向梯形臂、转向横拉杆等机件。车辆转向时，要求所有车轮的轴线都能相交于一点，此交点叫作转向中心。这样才能保证各车轮在转向时均做纯滚动，以避免车辆在转向时轮胎与地面滑动而增大阻力和加快轮胎磨损。转向梯形是指由转向横拉杆、两个梯形臂与转向桥体一起形成的一个梯形。

52. 转向传动机构有哪些使用要求与类型？

转向传动机构的使用要求有以下几点：一是要求转向传动机构能吸振、缓冲。车辆在行驶过程中，转向传动机构除传递转向力外，还承受转向轮由于在不平道路行驶过程中所产生的冲击和振动，因此，转向传动机构应设有吸振、缓冲装置；二是能自动消除磨损后出现的间隙。转向传动机构利用弹簧来自动消除磨损后出现的间隙；三是防止运动干涉，由于转向传动机构是在车桥与车架之间的空间运动杆系，转向摇臂、主拉杆及转向节臂的相对运动不在一个平面内，为避免发生运动干涉，它们之间的连接都采用了球形铰链连接。

转向传动机构的杆系（转向梯形）可布置在前轴之后，称为后置式。若发动机的位置很低，或前桥为驱动桥时，因杆件的布置有困难，也可布置在前轴之前，称为前置式。根据悬架不同，转向传动机构可分为与非独立悬架配用的转向传动机构和与独立悬架配用的转向传动机构两大类。

53. 动力转向的工作原理是什么？动力转向系统由哪些部件组成？

企业内机动车辆工作时转向频繁，转弯半径小，有时需要原地转向，为了减轻驾驶员的劳动强度，吨位较大的车辆多采用动力转向（液压助力转向或全液压转向）。采用动力转向系统时，操作人员只需用极小的操纵力和一般的速度来操纵控制元件，快速克服转向阻力矩的能量则由动力装置来提供。这就使作业时操作的繁重程度大为改善，提高了生产效率，同时也提高了行驶的安全性。液压助力转向是在机械转向的基础上，在纵拉杆处加装液压助力器。

　　液压助力转向器由转向控制阀和动力转向液压缸组成。控制阀体前、后两端分别用螺钉与带球铰链的接头及转向动力液压缸的缸体相连接。转向动力液压缸的活塞杆后端用球铰链与车架相连接。转向动力液压缸工作时，缸体将相对于活塞杆做轴向运动，并且同活塞杆一起绕固定球铰链摆动。转动转向盘时，转向摇臂一方面通过球铰链带动转向纵拉杆，一方面带动转向控制阀中的滑阀，使转向动力液压缸在液压作用下与转向摇臂共同对转向纵拉杆施力。

54. 全液压转向装置的结构特点有哪些？

　　全液压转向装置与液压助力转向装置的不同之处是：以全液压转向器取代了机械转向器和纵拉杆等机械元件，且用高压油管将全液压转向器和转向液压缸连通。全液压转向器的优点是：操纵轻便，安装容易，重量小，体积小，易于总体布置。全液压转向器的缺点是：当出现故障时，虽然摆线泵可作为手泵使用，但转向非常沉重，甚至难以转向。

　　按配油阀的结构形式不同，全液压转向器可分为摆线转阀式和摆线滑阀式。车辆上常用的是摆线马达转向装置。转阀阀芯直接装在转向盘上，而阀体则与液压马达的轴相连接。

　　叉车全液压转向系统的结构如图2-3所示，它具有操作简单、结构紧凑、传动平稳等优点，广泛应用于叉车上。该转向系统通过油液把运动传给工作液压缸（如起升液压缸、倾斜液压缸和转向液压缸等），以实现装卸货物、转向等动作，因此，液压系统是叉车的重要组成部分之一。

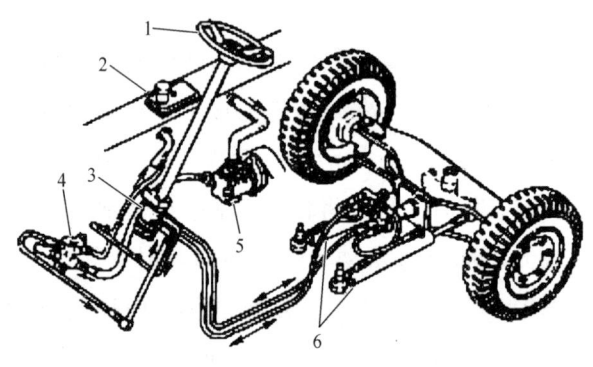

图 2-3 叉车全液压动力转向系统的结构
1—转向盘 2—液压油箱 3—液压转向器
4—分流阀 5—齿轮泵 6—转向液压缸

55. 机动车辆对制动系统的要求有哪些？

制动系统是车辆安全行驶的保证，其技术状况的好坏直接影响到运行安全及运输效率。因此，要求制动系统工作绝对可靠。机动车辆要求制动系统有一定的制动力，以保证在各种情况下可靠制动，且操纵轻便、灵活。正常的制动性能应良好，除一脚制动灵敏之外，紧急制动时四轮拖痕不可过长，不偏、不响。在使用过程中，机动车辆制动系统难免由于磨损、腐蚀、老化、断裂和失调而产生故障，导致制动失灵而延长制动距离；破坏制动时汽车行驶方向的稳定性；出现噪声，污染环境；部件过热而缩短其使用寿命。在这些故障中，尤以制动失灵和方向失控最为严重，往往因此而发生安全事故。对于经常在厂区行驶的载重汽车来说，这类故障的威胁更大。

机动车辆在日常使用中常会遇到制动系统故障，若不及时排除，容易导致机械失灵，发生事故。因此，对于制动系统的重要零部件的任何损坏都应及时地更换或修理。尤其要加强日常养护和调整，因为随着运行时间的延长，制动系统的零部件不可避免地要产生磨损，以至于使原来的配合关系遭到破坏，影响制动效果。

56. 制动系统有哪些功用及结构特点？

机动车辆制动系统的功用是：使行驶中的车辆按照驾驶员的要求进行强制减速甚至停车；使已停驶的车辆在各种道路条件下（包括在坡道上）稳定驻车；使下坡行驶的车辆速度保持稳定。

制动系统一般由制动器和制动驱动机构两部分组成。固定在车轮轮毂上随车轮一起转动的制动鼓的内圆柱面为工作表面。在固定不动的制动底板上通过两个支撑销，铰接支撑着两个弧形制动蹄的下端。两个制动蹄上部的制动底板上还固定着有两个活塞的制动轮缸，制动轮缸用油管与固定在车架上的制动主缸相连接。

57. 制动系统如何分类？

（1）按制动系统的作用分类。制动系统可分为行车制动系统、驻车制动系统、应急制动系统及辅助制动系统等。用以使行驶中的车辆降低速度甚至停车的制动系统称为行车制动系统；用以使已停驶的车辆驻留原地不动的制动系统称为驻车制动系统；在行车制动系统失效的情况下，保证车辆仍能实现减速或停车的制动系统称为应急制动系统；在行车过程中，辅助行车制动系统降低车速或保持车速稳定，但不能将车辆紧急制停的制动系统称为辅助制动系统。在上述各制动系统中，行车制动系统和驻车制动系统是车辆都应具备的。

（2）按制动操纵能源分类。制动系统可分为人力制动系统、动力制动系统和伺服制动系统等。以驾驶员的肌体作为唯一制动能源的制动系统称为人力制动系统；完全依靠由发动机的动力转化而成的气压或液压形式的势能进行制动的系统称为动力制动系统；兼用人力和发动机动力进行制动的制动系统称为伺服制动系统或助力制动系统。

（3）按制动能量的传输方式分类。制动系统可分为机械式、液压式、气压式和电磁式等。同时采用两种以上传能方式的制动系统称为组合式制动系统。

58. 制动器的功用与分类有哪些？

制动器是产生阻碍车辆的运动或运动趋势的力（制动力）的部件。车辆上常用的制动器都是利用固定元件与旋转元件工作表面的摩擦而产生制动力矩的，这种制动器称为摩擦制动器。它有鼓式制动器和盘式制动器两种结构形式。

鼓式制动器中的旋转摩擦元件为制动鼓，其工作表面为一圆柱面。盘式制动器的旋转摩擦元件为圆盘状的制动盘，以其端面为工作面。按照固定摩擦元件的位置不同，鼓式制动器分为内张型鼓式制动器和外收缩型鼓式制动器两大类。内张型鼓式制动器又叫蹄式制动器，外收缩型鼓式制动器又叫带式制动器。蹄式制动器在车辆上应用很广泛，不但用作车轮制动器，也广泛用作中央制动器。

59. 制动系统是如何工作的？

企业内机动车辆的制动系统不工作时，回位弹簧使制动鼓的内圆柱面与制动蹄之间留有一定大小的间隙，车轮及制动鼓可以自由转动。当制动系统工作时，驾驶员踩下制动踏板，通过推杆推动制动主缸活塞后移，制动主缸将产生高压油液，经油管流入制动轮缸中，推动活塞外移而使制动蹄绕各自的支撑销转动，制动蹄上的摩擦片将压紧在制动鼓的内圆柱面上。这时不转动的制动蹄对旋转的制动鼓作用一个与其转动方向相反的摩擦力矩。由于制动力矩的作用，使车轮对地面作用着一个向前的圆周推力，同时地面也对车轮作用着一个向后的反作用推力。这就是使车辆制动的外力，叫作制动力。

制动力经车轮、车桥、悬架传给车架和车身，迫使车辆减速。制动力越大，车辆的制动加速度也越大。但车辆制动力的大小不仅取决于制动力矩的大小，还受轮胎与地面附着条件的限制。放松制动踏板时，回位弹簧将制动蹄拉回原位，制动力矩和制动力即消失。

60. 机动车辆对制动系统各主要零部件的技术要求有哪些？

制动鼓不得有裂纹和变形，内表面光洁、平整，不得起槽；镗削后内径不得大于极限值，同一轴左、右制动鼓内径相差应不大于 1 mm。制动蹄支撑销转动应灵活，若发卡、锈蚀应分解除锈；支撑销与车轮旋转轴线的平行度误差不大于 0.2 mm。制动蹄不得有变形和裂损，弧度正确；摩擦片铆钉孔锪孔后剩余厚度应为摩擦片的1/3，光磨后鼓与片接触面积应在 50%以上，并保证两端先接触；摩擦片磨损到距铆钉头 0.5 mm 时应更换新件。回位弹簧的弹性应符合规定，既不能弹力过小导致回位延缓，也不能弹力过大使制动作用延迟。制动阀应灵活、可靠，密封良好，不得漏气；全部运动件不允许有发卡现象和运动阻滞感觉。制动轮缸皮膜无裂纹及硬化现象，泵内清洁干净。驻车制动鼓不得有裂损和变形，内径不得超限，而且光洁、平整，无毛刺；鼓与片的间隙以 0.2~0.4 mm 为宜；放松驻车制动时车轮能转动自如。

61. 制动系统用的制动液有哪些要求和种类？

企业内机动车辆的制动液作为液压制动装置的工作介质，是确保机械具有良好制动性能的关键。但对不同类型的制动液来说，其性能（如低温流动性、沸点、腐蚀性和吸湿性等）存在很大的差异，如选用不当将会使制动系统机件腐蚀，缩短其使用寿命，严重时将导致制动失灵。

对车辆制动液的性能要求是：黏温性好，凝固点低，低温流动性好；沸点高，高温下不产生气阻；使用过程中品质变化小，并不引起金属件和橡胶件的腐蚀和变质。

企业内机动车辆制动系统用的制动液有植物制动液、矿物制动液和合成制动液等几种。

62. 国家标准中对机动车驻车制动性能有哪些要求？

《机动车运行安全技术条件》（GB 7258—2017）中对机动车驻车制动性能的要求如下。

机动车应具有驻车制动系统。驻车制动应能使机动车即使在没有驾驶人的情况下，也能停止在上、下坡道上。驾驶人在座位上就可以实现驻车制动。行车制动与驻车制动的控制装置应当相互独立。

驻车制动应通过纯机械装置把工作部件锁止，并且驾驶人施加于操纵装置上的力：手操纵时应不大于 600 N，脚操纵时应不大于 700 N。

63. 履带式工业车辆机械传动驱动桥的结构特点有哪些？

履带式工业车辆底盘的结构和工作原理与轮胎式车辆相比，除行驶系统不同外，其驱动桥的结构和工作原理也有很大不同。履带式工业车辆底盘的传动系统多采用机械传动或液力机械传动以及液压传动。驱动桥的传动部件与轮胎式车辆基本相同。根据传动系统类型的不同，履带式工业车辆驱动桥的结构有两种基本形式：一是与机械传动系统或液力机械传动系统相适应的驱动桥；二是与液压传动系统相适应的减速机构。

驱动桥由主减速器（也称中央传动）、转向装置和最终传动装置三部分组成，其结构如图2-4所示。动力由变速器输出轴首先输入主减速器，经主减速器减速和增大转矩，并使转矩方向旋转90°后，又经横轴分别传给左、右转向传动装置，再传给最终传动装置，动力在最终传动装置中再一次减速和增大转矩后传给行驶系统。

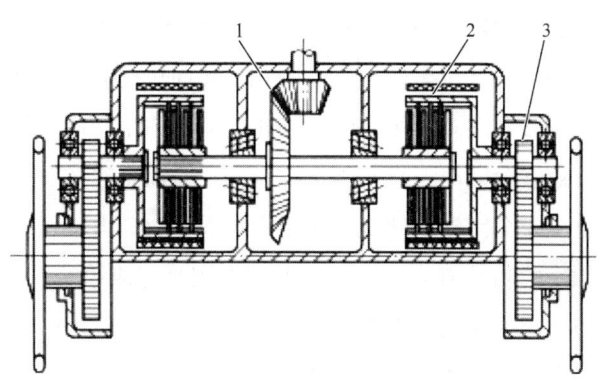

图2-4　驱动桥的结构

1—主减速器　2—转向装置　3—最终传动装置

履带式工业车辆的驱动桥壳一般都分隔成相互隔绝的三个室。中室内安装主减速器，内盛润滑脂（油），与变速器内部相通。左、右两室安装左、右转向装置，此装置一般由转向离合器和制动器组成。采用干式转向离合器时，左、右两室内是干的。采用湿式转向离合器时，左、右两室内则盛有润滑脂（油）。三个室的隔板上部装有油封或密封圈，每个室的底部各有一个放油塞。左、右最终传动装置分别装在驱动桥壳左、右室的外侧，还装有壳盖和侧壁，它们共同组成了最终传动装置，以盛装润滑脂（油）。

64. 转向机构有哪些功用与结构特点？

转向离合器和制动器及其操纵机构组成履带式工业车辆的转向机构。它可改变两侧驱动轮上的驱动力矩，使两侧履带具有不同的驱动力而形成转向力矩，从而实现转向。

转向机构能使履带式工业车辆以不同的转向半径转弯：当车辆向一侧转向时，减小外侧驱动轮的驱动力矩，就可以转大弯；如切断内侧驱动轮的驱动力矩，即可转小弯；切断动力后再制动内侧驱动轮，可以转更小的弯，甚至原地转弯。因此，转向机构的作用可分为两个阶段：第一阶段是逐渐减小一侧驱动轮的驱动力矩，使该侧履带所产生的驱动力矩逐渐减小，直至等于零；第二阶段是逐渐对驱动轮施加制动力，直至完全制动，使这侧履带不仅没有驱动力，且产生与车辆行驶方向相反的制动力。转向离合器的作用是完成第一阶段的要求，第二阶段的要求由制动器来完成。

转向离合器的工作原理与主离合器的工作原理一样，只是它传递的动力经过变速器和主减速器两级增大转矩和减速，比主离合器大得多，所以它的摩擦片数目比主离合器的片数多。根据离合器压紧和分离所用液压缸的不同，将转向离合器分为单作用式和双作用式。

65. 转向制动器有哪些功用与结构特点？

履带式工业车辆的制动器是用来配合转向以及在纵坡上停车的。其结构大多采用带式制动器，并以转向离合器的从动鼓作为制动鼓，使结构简单、紧凑。现在有些车辆也开始采用湿式全盘式制动器，其结构和工作原理与转向离合器基本相同。

履带式工业车辆上采用的带式制动器可分为单端拉紧式、双端拉紧式和浮动式三种结构形式，采用较多的是浮动式。当车辆向前行驶时，从动鼓做逆时针方向回转。将制动踏板稍踩下一点，制动鼓和制动带之间的摩擦力使制动带上端升高，带动顶杆将前支撑销推入支架的下凹槽中。进一步踩下制动踏板时，制动带将以支撑销作为支撑点而动作。这时双臂杠杆通过后支撑销、拉杆和销子施加拉力于制动带的另一端，该拉力的方向与从动鼓的回转方向一致，相当于操纵力加于松边。

当车辆倒退行驶时，从动鼓做顺时针方向转动。将制动器踏板稍踩下一点时，由于制动带与制动鼓之间的摩擦力使制动带本身做顺时针方向转动，故在销子上作用有向下的拉力，通过拉杆施加于后支撑销，并以其作为支点转动，通过顶杆将制动带的一端向下推，作用于制动带的力与从动鼓旋转方向是一致的，操纵力仍然加于松边。所以，无论车辆向前行驶或倒退行驶，操纵力总是加于制动带的松边，使车辆的正向和反向的制动效果相同，操纵省力。

66. 液压传动驱动机构有哪些功用与结构特点?

采用液压传动的履带式工业车辆可以简化履带行走架的结构，并省去了机械传动的一套复杂的锥齿轮、转向离合器和制动器等零件。

液压传动的方式是每条履带各自有液压马达及减速装置分别驱动，由于两个液压马达可以独立操纵，因此，车辆的左、右履带除可以同步前进、后退或一条履带驱动、另一条履带制动转向外，还可以两条履带向相反方向驱动，使整车实现原地转向，提高了车辆的机动性。液压传动驱动机构结构紧凑，外形尺寸不超出履带板宽度，因此车辆的离地间隙大，通过性能好。但液压马达散热较差，修理不太方便。

67. 履带行走装置有何功用与结构特点？

履带式工业车辆行驶系统包括车架（或机架）、行走装置和悬架三部分。车架是整车的骨架，用来安装所有的总成和部件，使全车成为一个整体。行走装置用来支持机体，把动力装置传到驱动轮上的驱动转矩和旋转运动转变为车辆工作与行驶所需的驱动力和速度。悬架是车架和行走装置之间互相传力的连接装置。

履带式工业车辆与轮胎式车辆的行驶系统相比有以下特点：一是支撑面积大，接地比压小。因此，履带式工业车辆适合在松软或泥泞场地进行作业，下陷度小，滚动阻力也小，通过性能较好。二是履带支撑面上有履齿，不易打滑，牵引附着性能好，有利于发挥较大的牵引力。三是结构复杂，重量大，运动惯性大，缓冲性能差，"四轮一带"磨损严重，造价高，使用寿命短。因此，履带式工业车辆的行驶速度不能太高，机动性能也较差。四是履带式工业车辆还可在高温场地工作，加之其"低比压"和"大牵引力"的突出优点是轮胎式车辆无法代替的。

68. 履带行走装置由什么组成？

履带式工业车辆的履带行走装置由行走架、引导轮、履带张紧装置、托链轮、支重轮、履带总成以及驱动轮等组成。左、右两条履带包绕在上述四种轮子之外，由张紧装置张紧，直接与地面接触。驱动轮驱动履带绕四种轮子转动，不直接在地面上滚动。导向轮用于张紧履带，并引导其正确卷绕。若干个支重轮在履带轨面上滚动，将垂直载荷传递给履带。

托链轮支持着履带的上半边，使之不下垂，并可减小其上下振动。上述四种轮子和张紧装置中，除驱动轮以外都集装在一个轮架

(即台车架，也称履带架）上而形成一个台车。每辆履带式车辆都有左、右两个台车。整车重量通过台车架、支重轮传给下方履带，使下方履带紧压在地面上。

当驱动轮被最终传动齿轮（从动齿轮）带动时，轮齿拉动履带，地面立即产生作用在履带上的反作用力，使台车架相对于地面产生向前或向后的运动，整车也就随之运动。

69. 履带式工业车辆的履带有哪些功用与结构特点？

履带式工业车辆中履带的功用是支撑车辆的重量，并保证车辆发出足够的驱动力。

履带经常在泥水、凸凹不平的地面及土壤中工作，条件恶劣，受力情况不良，易磨损。因此，除要求履带有良好的附着性能外，还要求它有足够的强度、刚度和耐磨性，并且重量还应尽可能地小。

每条履带由履带板、链轨节、履带销和销套等组成。履带的下面为与地面接触的支撑面，上面为链轨，中间为与驱动链轮相啮合的部分。根据履带板的结构不同，履带板可分为整体式和组合式两种结构形式。整体式履带板结构简单，制造方便，拆装容易，重量较小。但由于履带销与销孔之间的间隙较大，泥沙容易进入，使销和销孔磨损较快，一旦破坏，履带板只能整块更换。因此，在运行速度较低的重型机械（如挖掘机等）上多采用这种履带。

70. 驱动轮有哪些功用与结构特点？

履带式工业车辆的驱动轮用来驱动履带，以保证机械行驶和作业，它安装在最终传动的从动轴或从动齿轮轮毂上。驱动轮的齿距一般为履带节距的一半，若驱动轮齿数为偶数，有一半齿参加啮合，其余一半齿为后备；若驱动轮齿数为奇数，则其轮齿轮流参加啮合，这样就可以延长使用寿命。驱动轮一般由轮毂和齿圈组成，轮毂一般通过锥形面和平键安装在最终传动的从动轮毂上，并用压紧螺母决定其轴向位置，用防松铁片防止压紧螺母松动。

齿圈用特制螺栓安装在驱动轮轮毂上。为了维修方便，现在很多车辆上采用组合式驱动轮，这种结构便于制造、维修，如在现场更换齿圈节时不需要脱开履带或卸下台车架。局部轮齿损坏时，只要换掉损坏的那一节即可，不必将整个驱动轮齿圈卸下，可以节省修理费用，减少停车时间。

71. 支重轮和托链轮有哪些功用与结构特点？

履带式工业车辆的支重轮用来将机械的重量传递给履带，在机械行驶过程中，它除了沿履带的轨面滚动外，还要夹持履带，不让它横向滑出。在机械转向时，它又要迫使履带在地面上横向滑动。支重轮经常在泥水、尘土中工作，且承受强烈的冲击，工作条件很差，因此，要求它的相对转动部分密封可靠，轮缘耐磨。支重轮一般采用锰钢制成，并经热处理提高其表面硬度。

托链轮用来托住履带，防止履带下垂过大，以减小履带在运动中的振跳现象；同时，引导上部履带的运动方向，并防止履带侧向滑落。托链轮与支重轮的形式相似，但所承受的载荷小，工作条件好，结构比较简单，尺寸较小。履带推土机的每个台车架上装有两个托链轮。托链轮通过圆锥滚子轴承装在托轮轴上。内部充有润滑脂（油），并用浮动油封与O形密封圈保持密封。托轮轴的一端夹紧在托轮架中，另一端形成悬臂梁安装托链轮，托轮架则固定在台车架上。

72. 导向轮和张紧装置有哪些功用与结构特点？

履带式工业车辆导向轮的功用是：支撑履带并引导履带正确卷绕，同时，它与张紧装置一起使履带保持一定的张紧度，并缓和道路传来的冲击力，减少履带在运动过程中的振跳现象；履带运动过程中的振跳会导致冲击载荷和额外的功率消耗，加快履带销和销孔之间的磨损；履带张紧后，还可防止它在运动过程中脱落。

推土机导向轮为中部有凸缘的整体滚轮，其断面呈箱形。凸缘部分正好卡在履带的左、右链轨节之间。导向轮通过金属衬套的滑动轴承装在导向轮轴上，轴承的形式和固定方式与支重轮相同。导向轮轴的两端装在左、右两个支撑滑块内，并用锥形止动螺栓卡在轴端部的半圆缺口内，阻止轴的转动和轴向移动。导向轮支撑滑块用弹簧压紧在导板固定的台车架上，支撑滑块可以沿台车架上部的导向板条前后移动。左、右支撑滑块外侧面均固定着导板盖，导板盖与支撑滑块之间装有调整垫片，用来调整导板盖和台车架之间的间隙，以保证导向轮和支重轮、托链轮滚道面在一条直线上。导板盖和支撑滑块共同防止导向轮的侧向倾斜。

张紧装置使履带有足够的张紧度，在车辆行驶于不平路面或遇到障碍物时起缓冲作用。在车辆倒退行驶时它还可承受履带上部的张力。用压力机将张紧弹簧压缩到所要求的预紧长度，并用螺母将它固定在弹簧后座上。张紧弹簧组件装到弹簧箱内后，再用螺钉将弹簧箱前盖紧固，这时调整螺母与后座之间应有间隙。液压缸的前腔通过油嘴注入润滑脂（油），靠润滑脂（油）的压力将液压缸向前推，从而使导向轮向前移动，使履带张紧。

73. 装载机的工作装置有哪些功用与结构特点？

装载机的铲掘和装卸物料作业是通过其工作装置的运动来实现的。装载机的工作装置由铲斗、动臂、连杆、摇臂和转斗液压缸、动臂液压缸等组成，整个工作装置铰接在车架上。铲斗通过连杆和摇臂与转斗液压缸铰接，用以装卸物料。动臂与车架、动臂液压缸铰接，用以升降铲斗。铲斗的翻转和动臂的升降采用液压操纵。

装载机作业时工作装置应能保证：当转斗液压缸闭锁、动臂液压缸举升或降落时，连杆机构使铲斗上下平动或接近平动，以免铲斗倾斜而撒落物料；当动臂处于任何位置，铲斗绕动臂铰接点转动进行卸料时，铲斗倾斜角不小于45°，卸料后动臂下降时又能使铲斗自动放平。

综合国内外装载机工作装置的结构形式，共有两种分类方式：按连杆机构的构件数不同，分为三杆式、四杆式、五杆式、六杆式和八杆式等；按输入和输出杆的转向是否相同，分为正转和反转连杆机构。土方工程用装载机铲斗的斗体常用低碳、耐磨、高强度钢板焊接制成，切削刃采用耐磨的中锰合金钢制成，侧切削刃和加强角板都用高强度的耐磨钢制成。

铲斗切削刃的形状分为四种。齿形的选择应考虑插入阻力、耐磨性和易于更换等因素。齿形分为尖齿和钝齿，轮胎式装载机多采用尖齿，而履带式装载机多采用钝齿。

74. 装载机工作装置的结构形式有哪些？

铲斗是直接用来铲装、收集物料的工具，它的斗型是否合理直接影响装载机工作时的插入能力和生产效率。在一般情况下，根据装载物料的容重不同，铲斗常做成以下三种类型：正常斗容量的铲斗，用来装载容重为 $1.4\sim1.6$ t/m^3 的物料（如砂、碎石、松散泥土等）；增加斗容量的铲斗，其斗容量一般为正常斗容量的 $1.4\sim1.6$ 倍，用来铲掘容重为 1.0 t/m^3 左右的物料；减少斗容量的铲斗，其斗容量为正常斗容量的 $0.6\sim0.8$ 倍，用来装载容重大于 2 t/m^3 的物料（如铁矿石、岩石等）。

装载机工作装置的结构形式分为有铲斗托架式和无铲斗托架式两种。

在有铲斗托架式的工作装置上，动臂、连杆、铲斗托架和车架构成了近似平行四边形的连杆机构。这种机构基本上能保证当动臂升降时铲斗在空间只平移升降，而无倾斜和转动，这样就能防止物料撒落。ZL35 型装载机便采用此种工作装置。

在无铲斗托架式的工作装置上，动臂、连杆和铲斗等构成了"反转六连杆机构"。这种机构由于无托架，故铲斗的起重量可增大，且视野较好。同时，又因铲斗附近无液压缸、油管，所以在装卸过程中散落的物料不会造成设备事故。ZL20 和 ZL30 等型号的装载机均采用这种结构。

75. 装载机工作装置的安全要求是什么？

装载机工作装置的安全要求如下：液压缸不得泄漏（内泄漏和外泄漏），橡胶件不得老化、变形，活塞杆全长弯曲不超过 0.15 mm；连杆与摇臂铰销、连杆与铲斗铰销装配间隙为 $0.08\sim0.21$ mm，磨损后允许最大间隙为 0.80 mm；动臂与铲斗铰销、动臂与摇臂铰销、动臂与车架铰销、动臂与动臂液压缸铰销、动臂液压缸与车架铰销的装配间隙为 $0.10\sim0.25$ mm，磨损后允许最大间隙为 0.80 mm；当超过允许值时,须更换销轴或轴套。

额定载荷时,操纵分配阀的动臂阀杆,使动臂提升到最高位置时所需时间不大于 8 s;额定载荷时,发动机和液压系统在正常操作温度下,将动臂举升到最高位置,分配阀置于中间位置,发动机熄火,动臂液压缸活塞杆沉降速度应小于 40 mm/h。

76. 装载机工作装置的液压系统有哪些结构特点?

在装载机工作装置的液压系统中,由柴油机带动齿轮泵,产生压力油供给系统进行工作。动臂升降及铲斗的翻转动作分别用液压缸推动,用换向阀控制。该系统是串联回路,动臂与铲斗不动作时,油泵输出的油液通过换向阀直接返回油箱,这时油泵输出的油液压力很低,油泵处于卸荷状态,减少功率损失。采用该回路在铲斗翻转时,铲斗回路的回油不流向提升回路而直接返回油箱,所以不能提臂;反之,在提臂时也不能转斗。因此,工作装置各液压缸仅能分别动作,所以各液压缸推力较大。

方向控制阀是双联滑阀式换向阀。控制换向阀的开度大小可使铲斗液压缸和动臂液压缸获得不同的工作速度。铲斗液压缸换向阀为三位六通阀,它可以控制铲斗前倾、后倾和保持在某一位置三个动作。动臂液压缸换向阀为四位六通阀,它可以控制动臂上升、下降、保持和浮动四个动作。

在铲堆作业时,动臂浮动位置可使装载机的工作装置随地面的状况自由浮动,这样可以提高作业效率。在铲斗液压缸的油路上并联装有两个双作用安全阀,它由安全阀和单向阀组成。其作用是在动臂升降过程中,使铲斗液压缸自动进行少量的泄油和补油。由于工作装置的杆件不是平行四边形结构,在动臂提升过程中,由于杆件运动的不协调将迫使铲斗液压缸的活塞杆往外拉，使铲斗液压缸前腔压力升高，这时安全阀打开，压力油流回油箱。

铲斗液压缸的活塞杆被往外拉的同时，前腔受压容积减小，后腔容积增大，造成局部真空，此时后腔通过双作用安全阀中的单向阀进行补油。相反，当动臂下降时，迫使铲斗液压缸活塞杆往里推，此时后腔压力升高，打开安全阀，使油流回油箱；前腔压力下降，通过单向阀向前腔补油。从而避免液压系统出现真空而产生"爬行"现象。

77. 推土机的工作装置有哪些功用与结构特点？

推土机是土石方工程施工中的主要施工机械之一，具有拖、拉、铲、运、压、裂、装、填等多种功能。推土机的工作装置主要由推铲、动臂和操纵机构等组成。其主要功用是推移土壤，也可在推土机倒退行驶时利用推铲平整场地。

推铲的形式分为固定式直铲、U形直铲、可调直斜铲和角铲等。根据操纵机构的形式不同，可分为动力绞盘操纵和液压操纵两种方式。目前使用的推土机大多属于液压操纵。用钢丝绳操纵的推土机动力绞盘采用一个单绞盘。

轮胎式推土机是以普通装载机底盘为基础而改制成的一种具有很强工况适应性的施工机械。与履带式推土机相比，它可以以更快的速度、更高的效率来完成推挖、平整、回填等土石方作业；同时，它具有十分强的机动灵活性，工地间转移相当方便，因而被广泛地用于修建道路、矿山开采、农田改造中。

78. 推土机的液压操纵机构有哪些操纵装置？

液压式推土机的操纵机构是靠油泵泵动油液产生的压力来升降推

铲的。操纵杆有四个操纵位置，即上升、固定、下降和自由。

（1）上升位置。分配阀将上升油路与油泵接通、液压缸顶部与油箱接通，此时油泵输出的压力油液经上升油路而充满液压缸的下部，迫使活塞带动活塞杆上移，而液压缸上部的油液经回油管排回油箱，使推铲上升。

（2）固定位置。分配阀将液压缸上部和下部的油路关闭，将回油路接通，油泵的油液经回油路流入油箱。液压缸上部和下部的油液压力平衡，活塞杆不能移动。此时推铲固定。

（3）下降位置。分配阀将油泵与液压缸上部的油路和液压缸下部与油箱的油路同时接通。液压缸上部产生压力，迫使活塞带动活塞杆下移，而液压缸下部的油液经回油管排回油箱。此时推铲在油压的作用下强制下降。

（4）自由位置。分配阀将油泵与油箱的油路以及液压缸上部和下部的油路同时接通，此时推铲可因外力的作用任意移动。这个位置可使推土机利用倒退行驶来完成刮平地面的工作。

79. 工作装置操纵系统有哪些形式与结构？

工程车辆在工作装置操纵系统中，绝大部分采用三位轴向移动式滑阀来控制油流的方向，实现正、反作业动作，而作业速度则根据系统的形式（定量或变量）以及阀的开度大小等，由操作人员控制或者通过辅助装置来控制。根据推动主分配阀动力源的不同，其作业操纵的基本形式可分为机械杠杆式、气压式、液压式和电气式等。

机械杠杆式操纵是由各自的控制手柄通过杠杆与主分配阀相连接。这种机械杠杆式操纵方式的主要优点是简单、可靠。为减少驾驶员换手时间和增加复合动作的机会，现代挖掘机均已采用双手柄操纵系统，即四个作业动作用两个手柄来操纵。气压式操纵可以大大减轻驾驶员的操作强度，其操纵装置结构简单；但是，压缩空气在工作过程中会析出水分，用于严寒地区时容易冻结，以至于堵塞通道，使操纵失灵，此时应采取必要的防冻措施。液压式操纵依靠液压压力来推动主分配阀的阀杆。液压式操纵的油路可以是独立的油路，也可以从主油路系统中引出油路。目前不仅在大型液压挖掘机上，而且在中、小型液压挖掘机上都已采用了液压式操纵。电气式操纵用电磁铁来推动主分配阀的移动。它又分为电磁阀操纵和电液阀操纵两种，采用电液阀的居多。电液阀由电磁换向阀和液动换向阀组合而成，即用电磁换向阀来控制液动换向阀，使油路换向。

80. 工作装置回转机构的结构特点有哪些？

工程车辆回转机构的传动方式基本上有两种，即低速传动和高速传动。低速传动是采用径向柱塞式低速大转矩液压马达直接驱动的。它省去了减速装置，结构较简单。高速传动是采用轴向柱塞式高速小转矩液压马达并配以行星齿轮减速箱来驱动的。

根据回转滚盘结构不同可进行以下分类：按滚动体的形状不同分为滚珠式和滚柱式；按滚动体的排数不同分为单排式、双排式和多排式；按滚道形式不同分为曲面（圆弧）式、平面式和钢丝滚道式。

交叉滚柱滚盘大体上与单排轻型滚柱滚盘类似，通过圆柱形或圆锥形滚柱传递动力。相邻滚柱是以轴线交叉排列的。交叉滚柱滚盘的优点是结构紧凑，工艺简单，重量小，高度小，从而降低回转部分的重心，增强整体稳定性。能同时承受较大的轴向力、径向力和倾覆力矩。由于交叉滚柱滚盘具有上述优点，目前在单斗液压挖掘机上使用较多。

81. 前置翻斗车的工作装置有哪些结构特点？

前置翻斗车的发动机采用小功率柴油机，底盘部分与货运汽车基本相同，由于前置翻斗车的轴距小，轮距也较小，所以，前置翻斗车的纵向稳定性和横向稳定性相应较差。因此，行车时一定要注意控制载荷和车速。

大部分前置翻斗车的两个驱动轮装有制动器，因此，一定要注意前置翻斗车的制动性能。由于前置翻斗车翻斗的锁止机构一般采用简单的机械锁止，所以要经常检查锁止机件是否齐全、有效。锁止机构的开启和锁止应灵敏、可靠。锁销、挂钩应无裂纹和变形。

第三部分 安全使用篇

82. 叉车的基本结构与功能有哪些?

叉车的种类很多,但其构造基本相似,主要由发动机、底盘(行走机构)、车体、起升机构、液压系统及电气设备等组成,平衡重式叉车的总体构造如图 3-1 所示。

发动机是内燃叉车的动力装置。它将燃油产生的热能转变为机械动力,通过底盘的传动系统和行驶系统驱动叉车行驶,并通过液压系统驱动工作装置,完成装卸货物的任务。

底盘用来支撑车身,传递发动机发出的动力,使叉车运动,并保证叉车能够正常行驶。它由传动系统、行驶系统、转向系统和制动系统组成。

传动系统将发动机发出的动力传给驱动车轮。它由离合器(液力变矩器)、变速器(动力换挡变速器)、万向传动装置和驱动桥等组成。

行驶系统把叉车各总成、部件连接成一个整体,并支撑全车,使之适应行驶和作业的需要。

转向系统用以保证叉车能按照驾驶员所操纵的方向行驶。它由转向器和转向传动装置组成。

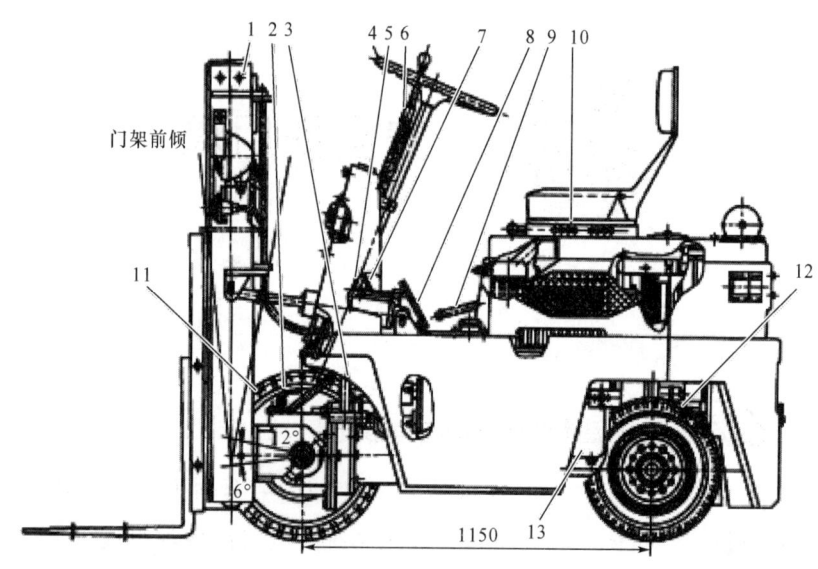

图 3-1 平衡重式叉车的总体构造

1—门架　2—驱动桥　3—变速箱　4—转向盘　5—倾斜液压缸　6—换速、换向手柄　7—离合器和行车制动踏板　8—加速踏板　9—驻车制动器操纵杆　10—车身　11—前轮　12—后轮　13—发动机

制动系统用以根据行驶和作业的需要降低车速，以至停车。它由制动器和制动传动机构组成。

83. 如何正确使用企业内物流车辆？

企业内物流车辆的正确使用包括技术合理和经济合理两方面的内容。技术合理就是按有关技术文件上规定的物流机械的性能、使用说明书、操作规程、安全规则、维护规程，以及不同的工作状况、工作环境、自然条件下的使用要求，正确操作及使用物流车辆。经济合理就是在物流车辆性能允许范围内能充分发挥物流车辆的效能，以高效、低耗获得较高的经济效益。为了保证正确使用物流车辆，应采取以下措施：一是严格按规程操作。物流车辆的操作规程规定了正确的使用方法和注意事项，对异常情况应及时处置。二是实行使用物流车辆的各级技术经济责任制。操作者按规程操作，按规定交接班，按规定进行维护，不允许安排不符合设备规范和操作规程的工作。三是严格使用程序管理。对物流车辆采取定人定机、教育培训、操作考试和持证上岗、交接班制度以及严肃处理设备事故等措施。

84. 企业内物流搬运机械在作业前应做哪些检查工作？

以企业内物流搬运机械中的蓄电池叉车为例，驾驶员在作业前应严格按照规定检查各关键部位。

检查蓄电池电解液液面高度和相对密度。蓄电池电解液的液面应高出隔板 10~15 mm；相对密度应符合该地区、该季节要求；单格电压不得低于 1.75 V，全车电压不得低于最低极限电压，否则应补充电解液并及时充电；各电极的接头应清洁、紧固。

检查各电线接头应插接紧固，接触良好；熔断器应完好，各开关及手柄应在停止位置。合上应急开关，打开电气开关，检查仪表、灯光、喇叭等是否正常工作；转向机构应轻便、灵活；制动装置应灵活、可靠；各部位轴承及相关运转部分是否润滑良好，动作是否灵活；行走部分及叉车液压系统工作是否正常，特别是管路、接头、液压缸、分配阀等液压元件有无漏油现象。

根据装卸货物的尺寸选择好货叉，并安装在叉架上，调整好距离；选择好压紧装置的挡物架，根据货物高度将其调整到合理的位置。检查货叉、压紧机构、横移机构、起重链、门架等应工作良好，使用可靠，不得带故障作业。

85. 叉车叉取货物有哪些程序?

叉车叉取货物的程序(过程)可以概括为以下 8 个动作,如图 3-2 所示。

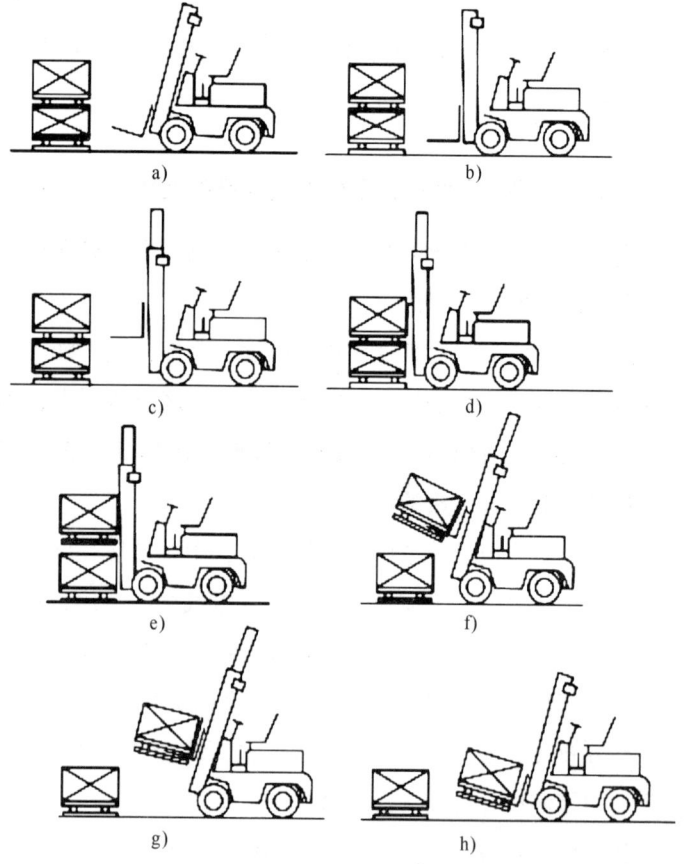

图 3-2 叉车叉取货物的程序
a) 驶近货垛 b) 垂直门架 c) 调整叉高 d) 进叉取货 e) 微提货叉
f) 后倾门架 g) 退出货位 h) 调整叉高

（1）驶近货垛。叉车起步后，根据货垛位置，驾驶叉车行驶至货垛前面停稳，如图 3-2a 所示。

（2）垂直门架。叉车停稳后，将变速杆放入空挡，将倾斜操纵杆向前推，使门架复原至垂直位置，如图 3-2b 所示。

（3）调整叉高。向后拉升降操纵杆，提升货叉，使货叉的叉尖对准货下间隙或托盘叉孔，如图 3-2c 所示。

（4）进叉取货。将变速杆挂入前进一挡，叉车向前缓慢行驶，使货叉叉入货下间隙或托盘的叉孔。当叉臂接触货物时，叉车制动，如图 3-2d 所示。

（5）微提货叉。向后拉升降操纵杆，使货叉上升到叉车可以离开运行的高度，如图 3-2e 所示。

（6）后倾门架。向后拉倾斜操纵杆，使门架后仰至极限位置，如图 3-2f 所示。

（7）退出货位。将变速杆挂后倒挡缓解制动，叉车后退到货物可以落下的位置，如图 3-2g 所示。

（8）调整叉高。向前推升降操纵杆，下放货叉至距地面 200~300 mm 的高度。向后启动，驶向放货地点，如图 3-2h 所示。

86. 叉车卸下货物有哪些程序？

叉车卸下货物的程序（过程）可以概括为以下 8 个动作，如图 3-3 所示。

（1）驶近货位。叉车驶向卸货地点停稳，做好卸货准备，如图 3-3a 所示。

（2）调整叉高。向后拉升降操纵杆，货叉起升，对准放货所必需的高度，如图 3-3b 所示。

（3）进车对位。将变速杆置于前进挡，叉车缓慢前进，使货叉位于待放货物（托盘）处的上方，停车制动，如图3-3c所示。

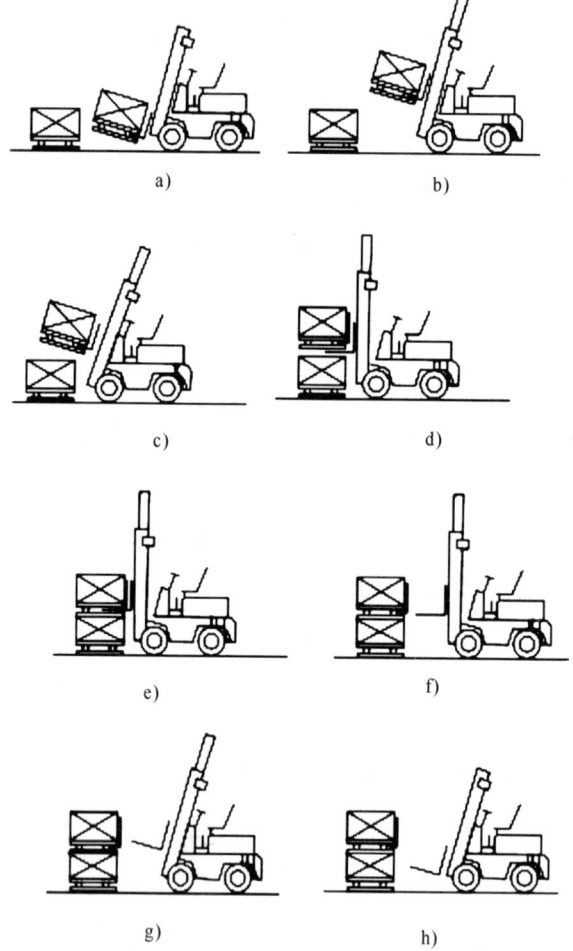

图3-3 叉车卸下货物的程序
a）驶近货位 b）调整叉高 c）进车对位 d）垂直门架 e）落叉卸货
f）退车抽叉 g）后倾门架 h）调整叉高

(4)垂直门架。向前推倾斜操纵杆,门架前倾,恢复至垂直位置。有坡度时,允许门架前倾,如图3-3d所示。

(5)落叉卸货。向前推升降操纵杆,使货叉缓慢下降,将货物(托盘)平稳地放在货垛上,然后使货叉稍微离开货物底部,如图3-3e所示。

(6)退车抽叉。将变速杆置于后倒挡,缓解制动,叉车后退至能将货叉落下的距离,如图3-3f所示。

(7)后倾门架。向后拉倾斜操纵杆,门架后倾至极限位置,如图3-3g所示。

(8)调整叉高。向前推升降操纵杆,下放货叉至距地面200~300 mm处,叉车离开,驶向取货地点,开始下一轮取货、放货作业,如图3-3h所示。

87. 机动翻斗车有哪些安全操作要求?

在企业内运输机械中常用的机动翻斗车简图如图3-4所示。

机动翻斗车的安全操作要求如下。

(1)严格遵守交通规则和有关规定,车辆证、照齐全,不准驾驶与证件不符的车辆。

(2)车辆发动前应将变速杆放在空挡位置,并拉紧驻车制动器操纵杆。

(3)车辆发动后应检查各种仪表、转向机构、制动器、灯光等是否灵敏、可靠,确认一切正常和周围无障碍物后,方可鸣喇叭起步。

(4)在坡道上被迫熄火停车时应拉紧驻车制动器操纵杆,下坡挂倒挡,上坡挂前进挡并将前、后轮揿牢。

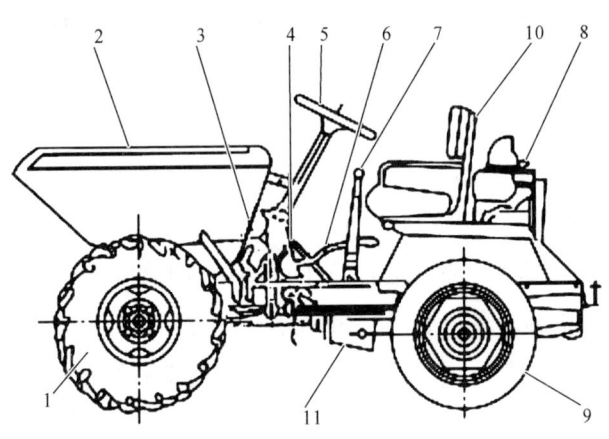

图 3-4　常用机动翻斗车简图

1—前轮　2—翻斗　3—转向机构　4—行车制动踏板　5—转向盘　6—驻车制动器操纵杆　7—变速器操纵手柄　8—发动机　9—后轮　10—座椅　11—变速器

(5) 机动翻斗车时速不超过 5 km，车辆通过泥泞路面时，应保持低速行驶，不得紧急制动。

(6) 向坑、槽和混凝土集料斗内卸料时，应保持适当的安全距离并设置挡墩，以防止翻车。

(7) 车辆未停稳时不得卸料，卸料时不得启动车辆。

(8) 车上严禁超额带人，料斗内不准乘人，转弯时应减速，不得违章行车，应注意来往行人。

88. 装载机有哪些功用与分类？

装载机按行走装置不同可分为轮胎式和履带式两种，目前国内使用和生产的绝大多数是轮胎式装载机（简称轮式装载机），这两类装载机除行走装置不同外，其他系统和构造大体相似。

轮胎式装载机是工程机械的主要机种之一。它主要用来铲装土壤、砂石、石灰、煤炭等散状物料,也可对矿石、硬土等做轻度铲挖作业,还可以进行土方和石方、煤炭、石渣、粉煤、矿石以及一般建筑垃圾等的装载作业和一般的货场装车、平整场地、倒方作业,特殊情况下可用作牵引车。它广泛用于建筑、矿山、水电、铁道、公路和料场等国民经济各个部门工程建设中。

常用的单斗装载机按发动机功率、传动形式、行走系统的结构以及装载方式的不同进行分类。发动机功率小于 74 kW 的为小型装载机;功率在 74~147 kW 的为中型装载机;功率在 147~515 kW 的为大型装载机;功率大于 515 kW 的为特大型装载机。近几年对斗容量在 0.75 m^3 以下的小型轮胎式装载机的需求量也不断增加。由于轮胎式装载机的用途广泛,已成为我国发展最快的工程机械之一。

89. 装载机的使用要求有哪些?

添加的柴油牌号应符合规定的质量要求并确保纯净;变速器、变矩器使用的液力传动油,液压系统使用的液压油应清洁;按规定进行定期维护和润滑。

发动机启动后,空运转待水温达到 55 ℃ 及气压表达到 441 kPa 后再起步行驶。

气温在 5 ℃ 以下,发动机启动前,应用热水或蒸汽进行预热,待预热到 40 ℃ 以上再启动。

在山区行驶时应接通启动操纵杆,万一发动机熄火也能保证液压转向。拖车启动时应正向行驶,不得将铲斗提升到最高位置运输物料,运载时应保持动臂下铰点离地 400 mm,以保持稳定行驶。

高速行驶时用两轮驱动,低速铲装时用四轮驱动,行驶中换挡不必停车，也不踩行车制动踏板。由低速挡变高速挡时，先松一下加速踏板，同时操纵变速杆，然后再踩一下加速踏板；由高速挡换低速挡时，则踩一下加速踏板，使变速器输出轴与传动轴转速一致。

踩下行车制动踏板的同时自动切断离合器油路，制动前，不必将变速杆置于空挡；当操纵动臂与转斗到需要的位置后，应将操纵阀杆置于中间位置；改变行驶方向要求在停车后进行；变速杆的操纵要求在车停后进行。柴油机出水温度达到55℃，机油温度达到45℃才允许进行负荷运转。作业时，发动机水温及机油温度不超过90℃，变矩器油温不超过110℃，进行重载作业油温超过允许值时应停车冷却。

装载机所有柴油机的功率是随着海拔高度、环境温度和相对湿度的增加而降低的，为此，用户使用装载机时应注意当地的环境情况，参照柴油机使用说明书中功率修正表的要求，得出柴油机在当地状况下的实际功率，以便正确地使用装载机。

90. 装载机驾驶作业时有哪些操作要点？

（1）起步。起升动臂，上转铲斗，使动臂下铰点离地400～500 mm；将变速杆置于所需的挡位；观察机械周围的情况，鸣喇叭；松开驻车制动器操纵杆，逐渐踩下加速踏板，使机械平稳起步。

（2）变速与进退。将主离合器或变矩器操纵杆推向"离合"位置；将变速操纵杆先扳回"空挡"，然后再扳到所需要的挡位处；根据需要，将进退操纵杆推向"前进"或"后退"位置。

（3）转向。装载机转弯时应提前降低车速，打开转向灯，缓慢操纵转向盘，待驶向新的方向后，迅速回转方向，使装载机按新的方向行驶；高速行驶时应避免急转弯。

(4) 倒车。倒车时的变速步骤、转向操作与前进时基本相同，只是要一手握转向盘，同时转身向后观察倒车路线。

(5) 停车。减小节气门开度，降低发动机的转速；逐渐踩下制动踏板，使机械平稳地停放在预定的位置；拉紧驻车制动器操纵杆。当遇有意外情况需要紧急制动时，应迅速放松加速踏板，踩下制动踏板的同时拉紧驻车制动器操纵杆，使装载机迅速停车。停车后，操纵动臂下降，使铲斗置于地面。在坡道停车时，应用三角木将轮胎抵好，以防止溜车。夏季应将装载机停放在阴凉处，防止日光暴晒。

91. 大型履带式液压操纵推土机有哪些结构特点？

主离合器为非经常接合的湿式离合器，强制润滑并有冷却系统。操纵时采用液压助力，轻便、可靠。当液压系统不起作用时，也可靠机械力接合或分离。

变速器采用滑套换挡的斜齿轮常啮合结构，强制润滑，操作轻便，可靠性良好，有五个前进挡和四个后退挡；转向机构为多片湿式离合器，采用铜基粉末合金摩擦片，液力操纵。转向和制动有联动装置，只要操纵转向手柄即可实现转向和制动，操纵方便，同时有单独的行车制动系统；最终传动采用二级直齿轮传动，浮动油封，链轮采用镶齿块式，拆装方便。行走机构的导向轮、支重轮、托链轮均采用浮动油封，可靠、耐用，可大大减少维护时间。张紧履带采用油压调整，方便、可靠。

推土装置分为角铲式和直倾铲式两种供用户选用。角铲式推土板在水平面内左、右可调成25°倾斜角，在垂直面内左、右两刀角倾斜量的最大差值可达 500 mm。直倾铲式推土板在垂直面内的倾斜量采用液压操纵,左、右两刀角倾斜量的最大差值可达 735 mm。推土液压缸的工作压力为 1 350 kPa,能强制切土。刀刃、刀角及弧形板均采用特制的耐磨材料制成,其使用寿命比一般耐磨材料大大延长。松土器为四连杆机构,齿尖入土的切削角在任何深度都能保持最佳值,由液压操纵,切土力强,齿尖采用特制耐磨材料制成。

驾驶室内备有风扇和取暖装置,视野开阔。座椅有减振器,并可根据驾驶员的身高和体重进行上下、前后及靠背角度的调整。履带式液压操纵推土机的结构如图 3-5 所示。

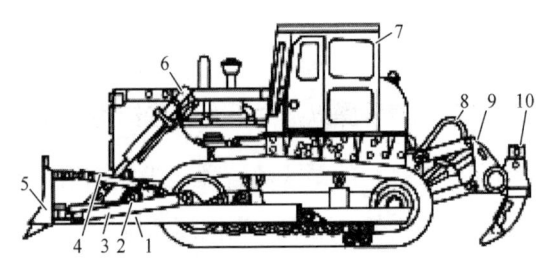

图 3-5 履带式液压操纵推土机的结构
1—推顶架 2—球铰 3,4—撑杆 5—推土铲刀 6—推土铲液压缸
7—驾驶室 8—油管 9—松土器液压缸 10—松土器

92. 推土机的操纵部分如何使用?

推土机的主离合器操纵杆用来控制主离合器的接合和分离,向后拉,主离合器接合;向前推,主离合器分离。左转向操纵杆向后拉出约 70 mm 时,推土机就可以缓慢地向左转向;继续向后拉时,推土机可实现原地转向;松手后自动复位。右转向操纵杆在推土机向右转向时使用。

松土器操纵杆向前推时,松土器下降;向后拉时,松土器提升。

推土铲操纵杆向后拉时,铲刀提升;向前推时,铲刀下降;再向前推到底时，铲刀浮动。

变速杆用来控制变速器的挡位。进退杆在中间空挡位置时，推土机不能行驶；向后拉到极限位置时，推土机前进；向前推至极限位置时，推土机倒退。

当踩下右制动踏板，向上拉紧驻车制动器操纵杆时，可使右制动踏板保持住制动状态，长时间制动住推土机。当要开动推土机时，用力将锁住的右制动踏板再向下踩一些，然后把驻车制动器操纵杆向下推到原来的位置，右制动踏板就回到原来制动状态的位置。油门操纵手柄向上时降低柴油机的转速，向下时提高柴油机的转速。在不改变油门操纵手柄位置的情况下，踩下加速踏板可降低发动机的转速至怠速状态；放开踏板时，发动机就恢复到手柄所在位置的转速。

右制动踏板用于紧急制动和当推土机长时间停放时制动住推土机使用。在拉出右转向操纵杆，要使推土机原地转向，靠手的拉力觉得费力时，可踩下右制动踏板，即用脚的力量来制动，以减轻手的拉力；左制动踏板的作用与右制动踏板相同，但无推土机长时间停放制动住推土机的装置。

推土操纵杆安装在液压控制箱后部上平面的操纵轴上，它通过控制推土换向阀，使铲刀有"上升""下降""浮动""封闭"等各种动作。推土操纵杆在正常安装状态为"封闭"位置；由"封闭"位置向里拉约11°为"上升"位置；由"封闭"位置向外推约11°为"下降"位置；再向外推约11°为"浮动"位置，在此位置上，由于推土换向阀中定位机构的作用，手离开后，推土操纵杆仍可保持不动。在铲推作业中，若发现推土机突然前倾，或柴油机超载声音沉重，可提升铲刀，以恢复正常工作。推土作业时可根据需要调整斜撑杆的长度，使铲刀在垂直面上成所需要的倾角。推土机在进行场地平整作业时，除了铲掘、运送外，还需要低速缓慢铺设铲刀前的垃圾等。对场地进行最后平整时，可将推土操纵杆推到最外侧，使铲刀处于"浮动"状态，并与地面接触，操纵推土机后退行驶，这样可取得较好的结果，但应注意躲避大块石头等坚硬物，以免损坏铲刀。推土机在铲推作业中遇到大阻力不能前进时，应立即停止铲推，切不可强行作业，应调整铲推量，然后继续前进。如果柴油机已经熄火需要重新启动时，则应先做与铲推作业相反的运动，排除过载现象后再继续前进。

93. 推土机的仪表开关部分如何使用？

拉出前照灯开关的提手，前照灯亮；推回原位置，前照灯熄灭。

柴油机油压表指示柴油机润滑系统中的机油压力，运转时正常压力为 196~394 kPa。按下启动按钮，接通起动机动力线路；抬起时，线路断开。电流表指示电气系统中蓄电池的充电、放电情况，指针指向"-"方向，表示蓄电池放电；指针指向"+"方向，表示蓄电池充电。

插入钥匙顺时针方向旋转电路开关，电路系统与电池接通；反方向旋转则熄火。仪表灯供仪表照明使用。水温表指示柴油机冷却系统的水温，正常运转时水温为 75~90 ℃。

当推土机不带驾驶室时用后灯开关；带驾驶室时，后灯开关装在驾驶室的顶棚上。拉出仪表灯开关的提手，两仪表灯亮；推回原位，仪表灯熄灭。

转速表指示柴油机的转速。柴油机油温表指示柴油机曲轴箱内的机油温度，不得高于 90 ℃。

94. 推土机作业时应注意哪些安全事项?

发动机启动后,严禁有人站在履带上或推土刀支架上;推土机工作前,工作区内如有大型障碍物,应予以清除;推土机通过桥梁、堤坝、涵洞时,应事先了解其承载能力,并以低速平稳通过;填沟或驶近边坡时,禁止推土刀越出边坡的边缘,并换好倒挡后方可提升推土刀进行倒车;推土机工作应平稳,吃土不可太深,推土刀起落不要太猛,推土刀距地面的距离一般以 0.4 m 为宜,不要提得太高;推土机在 25°以上的坡度上进行推土时,应先进行填挖,待推土机自身能保持平衡后方可开始工作。

推土机在坡道上行驶时,其上坡坡度不得超过 25°,下坡坡度不得大于 35°,横向坡度不得大于 10°。严禁在陡坡上横向行驶,在陡坡上纵向行驶时,不得急转弯。上、下坡应用低速挡行驶,不允许换挡;下坡时严禁脱挡滑行;在深沟、陡坡地区作业时,应有专人指挥;推土机在基坑或深沟内作业时,应有专人指挥;基坑与深沟一般不得超过 2 m,若超过上述深度,应放出安全边坡;同时严禁用推土刀的侧面推土。

95. 挖掘机有何功用?应如何分类?其型号如何表示?

挖掘机是指用铲斗挖掘高于或低于挖掘机承载面的物料,并将其装入运输车辆或卸至堆料场的土方机械。挖掘的物料主要包括土壤、煤、泥沙以及经过预松后的岩石。

挖掘机是一种重要的工程机械,广泛适用于矿山、冶金、筑路、水利、市政建设等工程。

根据行走装置的传动形式不同,挖掘机分为全液压式和半液压式；根据不同的行走方式等可分为履带式、轮胎式、汽车式和悬挂式。目前，以全液压履带式挖掘机应用最广泛，这是由于其附着力大，接地比压小，作业时不用支腿，越野性能和爬坡性能良好，行驶速度低，挡位数小，操作简单。

挖掘机的型号标记示例如下：整机重量为25 t的履带式液压挖掘机为WY25；整机重量为12.5 t的轮胎式液压挖掘机为WYL12.5。

96. 挖掘机的系统有哪些组成部分？

常见挖掘机的系统包括动力装置、工作装置、回转机构、操纵机构、传动机构、行走机构和辅助设施等。从外观上看，挖掘机由工作装置、上部转台和行走机构三部分组成，具体可发动机、液压系统、转台、行走架、行走装置、工作装置、操作系统、电气及仪表。

发动机是将燃油燃烧后的热能转变为机械能的机器。挖掘机装用的发动机均为低速大转矩发动机，其组成部件和原理与前述的机动车辆相似。

挖掘机采用双泵双路定量（或变量）液压系统，即发动机驱动两个主油泵，分别向各自的分配阀组串联供油，实现对挖掘机的行走、转台回转和工作装置动作的控制。

转台是挖掘机三大结构部件之一，它用来安装发动机、液压系统元件、动臂、驾驶室、操作系统、回转液压马达等部件。转台的主要受力部分为纵向布置的两根箱形断面梁，它与回转滚盘的连接部分采用铸焊组合式结构。行走架由底架（支撑座和回转齿圈）、横梁和履带架组成，是转台以上部分的动、静载荷的承力部件，将动力经底架、横梁传给履带架。履带行走装置是整个挖掘机的支座，它由履带、驱动轮、引导轮、托链轮、支重轮及行走减速机构组成（俗称四轮一带）。

97. 挖掘机在作业前应做好哪些准备工作？

明确施工条件和任务，具体包括：填土及挖土的高度和深度，边坡及电线高度，地下电缆、各种管道、坑道和各种障碍物的情况和位置，挖掘机进入现场后应遵守施工现场的有关安全规则。

挖掘机在多石土壤或冻土地带工作时，应先进行爆破再进行挖掘。检查线路绝缘和各开关触点是否良好；检查钢丝绳及固定钢丝绳的卡子是否牢固、可靠；检查燃料、机油、冷却液是否充足，不足时应进行添加。在添加燃油时，严禁吸烟及接近明火，以免引起火灾；检查液压系统各管路及操作阀、工作液压缸、油泵等是否泄漏，动作是否异常。

按照日常例行保养项目，对挖掘机进行检查、保养、调整、紧固；发动机启动后，严禁有人站在铲斗内、臂杆上、履带上和机棚上。将主离合器操纵杆放在空挡位置，启动发动机，检查各仪表、传动机构、工作装置、制动机构是否正常，确认无误后方可开始工作。

98. 挖掘机在作业中应注意哪些要点？

挖掘机工作时应停放在坚实、平坦的地面上；轮胎式挖掘机应把支腿顶好。

挖掘机工作时应当处于水平位置，并将行走机构制动住；若地面泥泞、松软和有沉陷危险时，应用枕木或木板垫稳；在挖掘机装载活动范围内，不得停留车辆和行人；若向汽车上卸料，应等汽车停稳，驾驶员离开驾驶室后，方可回转铲斗向车上卸料。

配合挖掘机作业，进行清底、平地、修坡的人员，须在挖掘机回转半径以外工作。若在挖掘机回转半径内工作时，挖掘机应禁止边工作边回转，并将回转机构制动住后方可进行工作。同时，机上、机下人员要彼此照顾，密切配合，以确保安全。

用铲斗挖掘时每次吃土不宜过深，提斗不要过猛，以免损坏机械或造成倾覆事故。铲斗下落时，注意不要冲击履带及车架。铲斗未离开地面前，不得做回转、行走等动作。铲斗满载悬空时，不得起落臂杆和行走。

99. 企业内物流车辆安全驾驶的操作规程有哪些？

企业内物流车辆驾驶员应经过专业训练，经有关部门考试合格，取得执业资格证后，方可独立驾驶车辆，严禁无证驾驶。开车前严禁饮酒，行车、加油时不准吸烟、吃东西和闲谈，驾驶室不准超额坐人。每次行车前应检查制动机构、转向机构、喇叭、照明、信号灯等主要装置是否齐全、完好。严禁带病出车。使用起动机发动汽车的发动时间：汽油机汽车不超过 5 s，柴油机汽车不超过 10 s，再次使用间隔为 10~15 s。蓄电池电压不足时，不得勉强使用起动机；用手摇柄启动发动机时，应以提拉的方法摇动，手指应放在手摇柄的一侧。当气压制动的车辆气压未达到允许范围以上时，严禁挂挡起步。机动车辆不得带"病"行驶。

发动机未熄火前，汽车不得添加燃油；严禁用汽油擦洗车辆、清洗零件和烘烤车辆等。汽车电线着火时，应立即关闭电源开关，迅速拆除蓄电池连线。调整发电机传动带时，须关闭发动机。避免用手直接接触容易转动和产生位移的部位。进行维护和修理时，车辆应选择平坦地点停放，拉紧驻车制动器操纵杆，将变速杆放入空挡，而且前、后车轮应用三角木塞住，以防止车辆溜动发生事故。

100. 拖拉机安全驾驶的操作规程有哪些?

严禁拖拉机牵引挂车超车、超高和高速行驶,以免发生翻车事故;转弯时须低速行驶。

下坡道之前,应根据拖载情况和坡度的大小,选择适当的挡位,在陡坡行驶时应限速,不要换挡。在下陡坡时,应挂低挡缓慢行驶,严禁空挡滑行,以免发生事故。下坡时不要猛踩制动踏板,以免发生拖拉机倾翻的重大事故。牵引挂车行驶前,应把左、右制动踏板连在一起,并检查制动器是否有效,左、右制动踏板是否同步。挂车中不得乘人。拖拉机挡泥板上不得坐人,以免行驶中掉下发生事故。牵引车后部与挂车前部应安装防护网、保护链及有效的制动器,以防止脱节。

挂接挂车时,须用低速倒车,并随时做好停车准备。插牵引销时,应在拖拉机停止时进行,以免伤人。牵引平板车行驶时,不准在平板车上坐人,以免掉下发生事故。行驶中应尽量保持匀速。起步、停车要稳,以免拖拉机和挂车发生撞击。

101. 叉车安全驾驶的操作规程有哪些?

经过专门安全技术培训,持有特种设备作业证的人才能上岗操作。

出车前,应检查制动装置、转向装置、喇叭、照明、液压系统是否灵敏、可靠,严禁开带"病"车。

起步时要查看周围有无人员和障碍物,然后鸣喇叭起步。

行驶中若遇不良条件,应减速慢行。在厂区内行驶时要遵守厂区内限速规定。

下坡道行驶时，发动机不准熄火，不准分离离合器，变速器不应为空挡，并经常点动制动踏板。转弯时先降低车速，在急转弯时应换低速挡。

用货叉装载货物时，应按货物的大小将货叉调到所需的距离，货物的重量应由两货叉平均分担。

叉入货物时，应使货物重心位于两货叉中心处，应将起重架前倾。叉入货物后，叉臂应与货物的一面相接触，然后使起重架后倾，并起升离地面 300~400 mm 再驶离货堆。

起升或降落货物时，起重架上、下禁止有人。货物开始起升或降落时，其速度不应过快，以免机件早期损坏。运载货物行驶时，除遇到非常情况外禁止紧急制动，应以最稳妥的行驶速度下坡及转弯。装载货物行驶时，物件离地面高度不得大于 0.5 m。发现可疑声响和不正常现象时应立即停车，找出问题并及时采取措施予以解决。在没有消除故障之前，不得进行作业。

102. 固定平台搬运车安全驾驶的操作规程有哪些?

固定平台搬运车应有专人驾驶，并经训练和考核合格，持证开车，禁止无证驾驶。

开车前，应检查制动装置、转向机构、喇叭、灯光、信号等装置要完好，否则不准开车。

行驶时应遵守厂区交通安全规则和制度。厂区道路时速为 10 km 以下；出入车间、仓库及拐弯时的时速不得超过 5 km；车间、库房内的时速不得超过 3 km。不准随意超速、超车。不准将车辆驶出厂区大门。所装运物件不得超载、超长（伸出车尾部分长度小于 1 m）、超宽、超高（从地面算起应小于 2 m）。易滚动物件要捆扎牢固。

驾驶室不准超额载人。在行驶中禁止人员爬上爬下。

固定平台搬运车出入车间、仓库、十字路口以及拐弯时，应鸣喇叭、减速、靠右行，做到"一慢、二看、三通过"，不准强行通过。严禁进入有易燃、易爆气体的场所。在行驶中发生故障或有异常时，应立即停车。不得开带"病"车。工作完毕应做好车辆的维护及保养工作，保持车辆完好。

103. 前置翻斗车安全驾驶的操作规程有哪些？

前置翻斗车的安全驾驶操作规程包括：检查燃油、冷却液、润滑脂（油）情况；检查启动、运转及制动性能是否处于完好状态；车辆行驶时应随时观察压力及温度是否正常。

起步前观察四周，先鸣喇叭，后起步；当坡道或路面不良时，一律一挡起步；严禁强行挂挡或换挡；下坡时不准高速行驶；严禁脱挡高速滑行，尽量避免紧急制动。

在狭窄环境中行驶时应注意四周的安全，转弯时不得碰撞其他物品；载物高度不得遮挡驾驶员视线。装载散装物料时不得有散落现象；在危险地带（如坑、沟边缘以及土质松软地段）卸料时，应在坑、沟边缘处设置安全挡板，车辆应提前降低车速，行驶到安全挡板处倒料，不得超越界限。载运炽热炉灰时，须先冷却再装运；黏结在翻斗内壁上的物料应由人工刮除，禁止利用高速行驶制动的惯性卸料；卸料后，须将翻斗复位后再行驶。在高处作业施工现场行驶时，驾驶员须佩戴安全帽，不得擅自驾车出入安全封闭区域。装卸物料时翻斗锁止机构的开启和锁止应灵敏、可靠。

104. 装载机出车前应怎样检查？

装载机出车前，检查发动机机油面，低于油标尺刻线时应加油，如高于油标尺刻线，应找出油增多（被稀释）的原因；检查燃油箱油面；检查发动机、变矩器、液压泵及转向器的紧固、密封情况，以及是否有过热现象；检查有无漏油、漏水、漏气、漏液、漏电等情况；检查传动轴及万向节、各铰销等处的螺栓有无松动或损失现象；低速运转中倾听发动机工作是否正常；离合器接合后，检查各挡运行是否正常。保持车容、车貌整洁，无油污、泥土、杂物等；检查整机各处有无异响、抖振等不正常现象。

105. 装载机每天作业后应怎样检查？

装载机每天作业后，检查燃油储量情况；检查发动机油底壳油面及清洁状况，若发现油面过高并且变稀，应找出原因并予以排除；检查各油管、水管、气管及各部位附件有无渗漏现象。

检查变速器、变矩器、油泵、转向机构、前桥、后桥的固定、密封以及有无过热现象。

检查轮辋螺栓、传动轴螺栓以及各销轴的固定是否松动；工作装置情况是否正常。

检查轮胎外观及气压是否正常；气温低于-5 ℃时应将冷却液放出。

106. 装载机的启动、停车和作业操纵有哪些注意事项？

装载机启动前首先进行出车前的检查，确认各部位均正常后再启动。启动前应将变速杆、操纵阀杆置于中间挡位置，放下驻车制动器操纵杆，接通电源总开关，微踩加速踏板，按下启动按钮。一次按下按钮5 s（起动机的连续工作时间应不超过5 s）仍不能启动时，应立即释放按钮，经过1 min后再进行第二次启动。如果连续4次以上仍无法启动,则应检查原因,排除故障后再启动。启动后应以600~700 r/min进行暖机,并密切注意发动机仪表的指示。

发动机停车前,应先以800~1 000 r/min运转几分钟,以使各部位均匀冷却,冬季停车后,应及时拧开发动机所有放水阀,放完冷却系统中全部积水,以防止冻裂机件。若蓄电池电压不足或在低温情况下可进行拖车启动,拖车启动的步骤是:用拖车拖动的钢丝绳长度应不小于5 m,将其拴在铲斗的铰接点上,装载机前方应有不小于15 m的开阔地;进行拖车启动时,不应急转弯硬扭转向盘,以防止损坏机件;按下拖车启动杆,将变速杆置于空挡;拖车徐徐起步,带动柴油机启动;当柴油机发动后应注意机器的制动。

107. 装载机如何进行装卸作业?

装载机进行装卸作业前,检查发动机的水温及润滑脂(油)温度达到规定值时方可进行全负荷作业,当水温、油温超过90 ℃时应停车,查找原因,待水温低于90 ℃时方可作业,否则会损坏发动机。

禁止在车体前后两部分形成角度时铲装货物。取货前,应使车体前后两部分形成直线,对正并靠近货堆,同时使铲斗平行接触地面,然后取货;不准用高速挡取货;不准边行驶边起升铲斗。

用铲斗铲装货物应均衡,不准铲斗装载偏重货物。装载机是用来进行装载及短途运输散装物料的车辆,禁止用铲斗进行挖掘作业。驾驶员离车前,应将铲斗放到地面,禁止在铲斗悬空时驾驶员离车。起升的铲斗下面严禁站人或进行检修作业。若需要在铲斗起升时检修车辆,应对铲斗采取支撑措施,并保证牢固、可靠。禁止用铲斗举升人员从事高处作业。禁止在码头岸边直接铲装船上的物料。在架空管线下方作业,铲斗起升时应注意不要碰到上方的障碍物,在高压输电线路下方作业时，铲斗还应与输电线保持足够的安全距离。

在为载重汽车倾卸物料时，铲斗前翻时不得刮碰车辆，卸载动作要轻缓。在卸车作业时，应注意铲斗不要刮碰车厢。在推运或刮平作业中，应随时观察运行情况，若发现车辆前进受阻应审慎操作，不得强行前进。停车后应将换向操纵杆放到中间位置，装好车体前后两部分的安全连接杆。

108. 推土机的安全驾驶操作规程有哪些？

在使用推土机开始工作之前应做下列工作：检查推土机履带销钉有无窜出现象；检查推土机燃油、冷却液、润滑脂（油）情况；检查推土机液压系统运行及密封件的漏油情况；检查推土铲运转情况；运行时，随时注意推土机的压力及温度。起步前观察四周是否有人，尤其是倒车时更应注意观察，同时应观察履带上是否有其他物品，确认安全后，应低速、平稳起步。

推土机进行作业时应选择适宜的铲推路线，在清理作业现场时，应能保证车辆无下陷、倾覆等危险。用推土机清除高于机体并埋在地下的物体时，应有安全防范措施，要选择好有利的进退路线。在向高坡（或坑、沟）推土接近边缘时，推土铲不得轻易提升，应在挂上倒车挡后提铲倒车。推土机上坡行驶不得超过25°，下坡行驶不得超过35°，推土机不得在坡度大于10°的坡路上横向作业，并不得在陡坡上转弯。下坡行驶不得空挡滑行。

推土机在作业时严禁人员上下。推土机在夜间作业时，现场应有良好的照明设备。

109. 推土机怎样换挡？

推土机换挡时应根据土质等外载荷的情况，选择合理的速度挡位。推土机应尽量在满负荷下工作，以获得最高的生产效率和最低的油耗。

换挡时，应先将主离合器操纵杆向前推到底，待主离合器轴停转及机器停止后再进行换挡。

110. 推土机怎样转向？

推土机转向时，扳动转向操纵杆，并平稳地踩制动踏板，以免转弯时发生跳动。转弯结束后应先松制动踏板，然后放开操纵杆。若转弯半径较大，则不必踩制动踏板。严禁使推土机高速原地回转，以免因履带脱轨而造成事故。

推土机应避免突然转向。突然转弯时可能会有扬沙的出现，车辆在这一刹那会产生横摇甚至倾覆。不使用制动器时，脚不应放在制动踏板上，否则会导致制动带磨耗和耗油量增加。

平地转向时，如要使推土机向左转向，只要将左转向拉杆拉出一半就能使左边的转向离合器分离，推土机缓慢地向左转向；继续拉出左转向拉杆，会制动住左边的制动鼓，使推土机向左急转向。

推土机在陡坡上下坡行驶时，如果需要转向，其操作过程可与一般情况下转向的操作过程相同。但由于在陡坡上推土机本身的重量可能产生下滑的趋势，所以拉转向与制动操纵杆的全程所用时间不宜过长。如果拉操纵杆行程的一半，仅使一侧转向离合器分离，推土机会在自身重量的影响下往相反一侧缓慢转向。这一点与平地转向效果相反，操作时必须注意。

111. 挖掘机的启动及作业安全注意事项有哪些？

发动机启动后，应待制动气压达到安全气压时再准备起步，以确保行车时的制动安全性。有紧急制动的把紧急及停车制动阀的按钮按下（只有当气压达到允许起步的气压时，按钮才能按下，否则按下去会自动跳起来），使紧急及停车制动释放，才能挂一挡起步；无紧急制动的只需将驻车制动器操纵杆放下，释放驻车制动即可起步。

清除装载机行走道路上的障碍物，特别要注意铁块、尖石之类的障碍物，以免割破轮胎。

将后视镜调整好，使驾驶员入座后能有最好的视野效果。确保装载机的喇叭、后退信号灯以及所有的保险装置能正常工作。在即将起步或检查左右转向灵活到位时，应先按喇叭，以警告周围人员注意安全。在起步行走前应先将所有的操纵手柄、踏板、转向盘试一次，确定已处于正常状态才能开始进行作业。要特别注意检查转向、制动是否完好，确定转向、制动完全正常后方可起步运行。行进时将铲斗置于离地 400 mm 左右的高度。在坡道作业或跨越沟渠等障碍时，应减速、小角度转向，要注意避免倾翻。当装载机在陡坡上开始滑向一边时，应立即卸载，以防止继续下滑。作业时尽量避免轮胎过多及过度打滑；尽量避免两轮悬空，不允许只有两轮着地而继续作业。用作牵引车时，只允许与牵引装置挂接，被牵引物与装载机之间不允许站人，且要保持一定的安全距离，防止出现安全事故。

112. 车用汽油有哪些使用性能指标及特性？

汽油是由石油提炼而得到的密度小且易于挥发的液体燃料。汽油由多种碳氢化合物组成。按照提炼方法不同，汽油可分为直馏汽油和裂化汽油等。

汽油的使用性能指标主要是蒸发性、热值和抗爆性。对于高速发动机，形成可燃混合气过程的时间很短，一般只有百分之几秒，因此，汽油蒸发性的好坏对形成的混合气质量有很大的影响。汽油的蒸发性可通过燃料的蒸馏试验来测定。将汽油加热，分别测定蒸发出10%、50%、90%馏分时的温度及终馏温度。但发动机所用的汽油蒸发性越强，则越易发生气阻现象，从而导致发动机失速。燃料热值也叫燃料发热量，是指单位质量（指固体或液体）或单位体积（指气体）的燃料完全燃烧，燃烧产物冷却到燃烧前的温度（一般为环境温度）时所释放出来的热量。汽油的热值约为 44 000 kJ/kg。

汽油的抗爆性是汽油的一项主要性能指标。它是指汽油在发动机气缸中燃烧时避免产生爆燃的能力，也称抗自燃能力。发动机选用抗爆性较好的汽油，就可能采用较高的压缩比而不至于发生爆燃。汽油抗爆性的好坏程度一般用辛烷值表示，辛烷值越高，抗爆性越好。国产汽油的辛烷值可以看其代号，例如，代号为 RQ-90 的汽油，其辛烷值不小于 90。选择汽油的主要依据就是发动机的压缩比，一般压缩比高的汽油发动机应采用辛烷值高的汽油。

113. 车用柴油有哪些使用性能指标及特性？

柴油分轻柴油和重柴油。轻柴油用于 1 000 r/min 以上高速柴油机；而重柴油则用于 1 000 r/min 以下的中、低速柴油机。

根据《车用柴油》（GB 19147—2016）车用柴油分为 5、0、-10、-20、-35 和-50 六种规格。柴油的浊点应低于当年温度 3~5 ℃，而凝点必须低于使用地区最低气温的 5 ℃左右，才能保证发动机顺利工作。

114. 企业内机动车辆如何预防火灾？

企业内机动车辆预防火灾要坚持"预防为主，扑救为辅"的原则。有些驾驶员喜欢一边吸烟一边检查发动机,还将装有乙醇-水型冷却液的塑料瓶放置在前风窗玻璃下方的车头两侧,这种做法必须立即整改。对各种通电导线、接头,凡松动、脱落、短路、老化、破损和油路渗漏的,应立即整修和更换。车内的仪表板上不可放置一次性的塑料打火机,这种打火机受到重压或超过40 ℃的温度时极易发生爆炸,造成的后果将不堪设想。在车库内,机动车辆要按规定停放,严禁在车库内加油、吸烟以及携带易燃、易爆物品和使用明火,车上必须配备有效的灭火器。车辆回库要清理烟灰缸,切断所有电源。为了有效地防止车辆失火事故,拆下排气管的车辆不准发动,驾驶员不要在车内吸烟。发现车内任何部位有焦臭味或烟雾时,驾驶员要赶快查明原因,绝不能无动于衷。当发动机内冷却液的温度超过105 ℃引起沸腾时,千万不能打开溢流箱盖,以防止冷却液突然高速喷出,从而烫伤人或引起火灾。车辆一旦发生火灾,驾驶员要沉着、冷静,切断电源,重点保护油箱和有冷却液的水箱,先人后车进行抢救,找准失火部位,并迅速拨打"119",通知消防队进行扑救。要正确地使用灭火器,严禁用水扑救。

115. 检修车辆防火安全技术要求有哪些?

搬运和安装蓄电池应平稳,以免电解液溅出;严禁用划火法检查蓄电池电压的高低;严禁用高压线"燃缸";严禁在气缸外随意试火和"吊火"。

严禁用短路法进行划火,检查电路导线的通断情况;清洗后的废油不准随意乱倒,应倒入指定的回收地点;空气滤清器要紧固,以防止脱落的机油洒在进气管和排气管处引发火灾。

检修车辆时应禁止吸烟及使用明火,同时杜绝无关人员在场;动用明火检修时，应有防火安全措施。例如，在电焊、气焊、气割部件时，应在油箱、油管等处装好遮挡隔板，焊补油箱时应先将汽油倒净并反复清洗；在其周围不可放置可燃物件。不要用钢丝刷或金属棒除垢，以防止产生火星。

不要用汽油清洗机件，因为汽油挥发能力强，燃点低，挥发到空间后遇到明火极易发生火灾，可改用柴油或其他清洗剂。检修车辆时应将车内的电源关闭或拆下，并将电线头固定好，以防止电线被牵扯后，电线头碰到车体发生瞬间短路而产生电火花，引起汽油燃烧或爆炸。发生车辆事故时，在抢救被困在车内人员的同时，要及时采取有效措施切断蓄电池电源，以免产生火花而引起车辆着火。

116. 车库防火安全技术要求有哪些？

车库应设置醒目的严禁烟火标志，车库内严禁吸烟。车库应通风良好；换气设备及灭火设备应齐全。车库内严禁明火作业及明火照明，不得用明火炉直接取暖。必要时，可用暖气或火墙式火炉取暖。当汽车油箱漏油或汽车上装有桶装汽油、柴油时，不准在库内存放。存放时，要将油桶取下放入危险物品仓库，并放掉漏油油箱的所有存油。在停放装运易燃、易爆液体车辆的库房内，电气设备应符合防爆要求。汽车进入车库后，驾驶员在断开车上的电源后方可离开。严禁从停放的汽车油箱里取油，更不可在取油时用明火照明。车库内不应存放桶装汽油或柴油，油纱头和抹布应集中放在金属桶内，并给桶体加金属盖盖严。

汽车库（场）应按照规定配备供水灭火系统和足够数量的灭火器。

117. 加注燃油防火安全技术要求有哪些？

工作人员必须穿戴工作服，不准戴手套，周围禁止烟火。

发动机熄火前不得加注燃油。加注燃油时，不准检修和调试发动机，不准在注油容器附近进行锤击或磨削。应用扳手旋拧油桶螺塞，不准用铁器敲击和刮擦汽油容器。

禁止在雷雨天气及高压电源线下加注燃油。

118. 车辆火灾的灭火方法有哪些？

车辆火灾绝大多数是先从易燃油料的燃烧开始的，由于易燃油料极易被点燃，而且其挥发性、渗透性和流动性都很强。所以，一旦发生火灾，其燃烧非常迅速，如果扑救不及时或采取的措施不当，就可能造成极大的损失。因而，扑救车辆火灾必须迅速、及时且采用正确的方法，尽可能防止火灾扩大蔓延，力争把火灾消灭在初期阶段，最大限度地减少火灾的损失。常见的灭火基本方法有冷却法、窒息法、隔离法和化学中断法四种。冷却法就是利用灭火剂的作用降低燃烧物质的温度。冷却法有两种：一是直接将灭火剂喷射到燃烧物上，使燃烧物的温度降到燃点以下，使其燃烧停止；二是将灭火剂喷射到燃烧物附近的可燃物上，防止可燃物受辐射热影响而起火。窒息法就是阻止空气流入燃烧区域或用不燃烧的物质冲淡空气，使燃烧物得不到足够的氧气而熄灭。隔离法就是将可燃物质与着火源之间隔开，并采取措施防止燃烧扩大蔓延。化学中断法就是使灭火剂参与到燃烧反应过程中去，使燃烧的化学连锁反应中断，抑制燃烧，达到灭火目的。上述灭火方法在灭火过程中不是孤立使用的，有时为了加速扑灭火灾，几种灭火方法可交叉或联合使用。

119. 驾驶员遇到车辆火灾应如何扑救和逃生？

汽车自诞生之日起，就有火灾事故发生，给生命和财产造成了损失，留下了深刻的教训。为此，驾驶员掌握车辆火灾的扑救和逃生方法很有必要。

发动机着火时应迅速停车，切断电源，取出随车灭火器，打开车门下车，对准着火部位的火焰及根部正面猛喷；货物着火时应将汽车驶离重点要害场所后停车，迅速报警，取下随车灭火器进行扑救。若火势太大，一时扑灭不了，应劝阻围观群众远离现场。

加油着火时不能惊慌逃脱，应停止加油，迅速将汽车驶离加油站（库），用随车灭火器将油箱上的火焰扑灭并报警，地面留有着火燃料的，应用灭火器或沙土将地面的火扑灭。

修车着火时应迅即上车或钻出地沟，切断电源，用灭火器或其他灭火器材扑灭火焰；停车着火应视着火车辆位置采取扑救措施，疏散附近车辆。

被撞起火时车门没有损坏的，应立即打开车门逃出；车辆零部件损坏较严重的，首要任务应设法救人，同时报警，利用扩张器、切割器、千斤顶、消防斧等工具，配合消防队救人、灭火。

120. 车辆火灾常用的灭火器材有哪些？

车辆火灾常用灭火器材主要有泡沫灭火器、手提式二氧化碳灭火器、干粉灭火器等。

泡沫灭火器是通过筒内酸性溶液与碱性溶液混合后发生化学反应，喷射出泡沫，使燃烧物表面与空气隔绝，从而达到灭火目的。由于泡沫的密度一般小于常见可燃、易燃物质的密度，泡沫浮于或黏附在燃烧物的表面，形成一个既不能燃烧也不能助燃的泡沫覆盖层，从而隔离空气，使燃烧缺氧而熄灭。同时还具有一定的降温、冷却作用，适用于扑救汽油、煤油、柴油等的火灾。

手提式二氧化碳灭火器是把二氧化碳以液态形式灌入钢瓶内，其容量为 3~7 kg。液态二氧化碳喷射到燃烧区时，由于液体二氧化碳的蒸发、吸热作用凝成固态雪花状（又称干冰）。干冰的温度是 $-78.5\ ℃$，故又有冷却作用。燃烧区二氧化碳浓度达 29.2% 时，燃烧的火焰就会熄灭。二氧化碳灭火器的喷射距离约为 2 m，因而要接近火源，并要站立在上风处。

干粉灭火器的基料由碳酸氢钠和少量的防潮剂、流动促进剂等添加物（如硅油和滑石粉等）组成，并研磨成很细的固体颗粒，用干燥的二氧化碳或氮气作为动力，将干粉从容器中喷射出去，形成粉雾。由于干粉浓度高，颗粒细，在燃烧区内能隔绝火焰的辐射热，并析出不燃气体，冲淡空气中的氧含量以及中断燃烧连锁反应等，从而迅速扑灭火焰。干粉灭火剂具有灭火效力大、速度快、无毒、不导电、久储不变质、价格低等特点。

121. 驾驶员行驶中遇到险情如何救助与防护？

企业内机动车辆驾驶员行驶中遇到险情时，一要有冷静的头脑，及时判明情况，采取正确的避让措施，千万不可惊慌失措，以防止加剧险情；二要先顾人后顾物，先保证人员的安全；三要选轻避重，避开损失或危害较大的一方；四要先方向、后制动，以免车辆失去避让或机动余地；五要先人后己，应首先想到他人的安危，先抢救伤者，不得为保全自身而不顾他人。

当车辆起火或有爆炸危险时,驾驶员应奋不顾身地迅速将车驶离人群、车间、货场,再设法灭火。

122. 企业内机动车辆驾驶员如何预防中暑?

中暑是指驾驶员在高温及烈日暴晒下长时间驾车作业,引起体温调节障碍而发生的一种急性病。一般来说,企业内机动车辆驾驶员工作条件恶劣,运行速度低,人坐在发动机上方的座椅上,夏日炎热,上有烈日,下有高温,如果不注意预防,很容易中暑。为预防中暑,驾驶员应保证充足的睡眠时间和休息,以保持精力充沛。作业时间应尽量避开中午时间段,设置驾驶室凉篷。驾驶员在出车前和行车途中应避免食用辛辣油腻食物,多食用新鲜蔬菜,多饮用清凉饮料,并注意补充盐分。保持驾驶室内通风良好,作业中经常注意休息,一旦出现头晕、无力等中暑症状时,应立即休息或诊治。

123. 企业内机动车辆驾驶员为何会出现冻伤?应如何预防?

企业内机动车辆驾驶室一般不易保温,取暖效果差,若在冬季严寒气候下长时间驾车作业,由于雨天潮湿、气流寒冷、接触冰冷的器物,缺乏活动而局部血液循环差,驾驶员全身抵抗力降低,衣着单薄或穿戴过紧,容易发生局部或全身的冻伤。人们在寒冷的环境中,身体局部(肢体末端)温度下降,当降到冰点以下时,就会发生组织冻伤;如果周围环境温度为 0~10 ℃,但较潮湿,也可因局部散热过多和血液循环障碍而发生损伤。尤其遭遇潮湿天气和冷风,接触冷物,局部血液循环障碍,饥饿、疲劳、睡眠不足及服装单薄等情况时,更易发生冻伤。

预防防冻有如下措施:驾车作业前注意饮食,保证身体有足够的热量；身上衣服要穿够，戴手套驾驶，以防冻伤手指，穿戴既要轻便又要保暖；经常下车活动身体；发现冻伤应下车急救或进行诊治。

124. 车辆维修中驾驶员的自身安全如何防护？

当车辆出现故障需要检修时，驾驶员一定要做好自我安全保护，特别是在车下检修时更要注意自身安全，否则后果不堪设想。为做到安全检修车辆，应注意以下几点。

架车地点应平坦、坚固、可靠。使用的架车工具要适宜，检修车辆过程中使用千斤顶时，注意千斤顶一定要放置平稳。若地面土质较松软，应在千斤顶下面放置一块铁板，以减小压强，防止千斤顶下陷。当车辆升到所需高度时，将架车工具放置在车身下合适的位置，并用铁板填塞支架空隙，再将千斤顶稍回落，使车体与架车工具压紧。

在车辆的维修中，运动着的部位或工具与人体相撞所造成的伤害称为碰伤。对于运动着的部位和容易发生转动、移动的部位，不得用手直接接触。在坡路或不平场地检修传动机构或进行车下其他作业时，应将发动机熄火，拉紧驻车制动器操纵杆，将车轮掩牢，以防止车辆纵向滚动。

分解轮胎时要将胎内压缩空气放净，再撬取锁环。在组装前，一定要认真检查外胎、轮辋、挡圈是否完好。在组装中一定要认真检查锁环是否安装到位。在充气时，最好将轮胎置于防护罩内或采取其他防护措施，以防止充气过程中锁环脱出。当给轮胎充气时，应先检查锁环的牢靠情况。

125. 驾驶员怎样避免化学伤害？

发动机常用的乙二醇-水防冻液是一种有毒的液体。加注乙二醇时，驾驶员绝对禁止用嘴吸取，操作后一定要彻底洗手。

发动机排出的废气可使人体产生中毒、窒息以至死亡的危险。为此，启动车辆要尽量在室外进行；在室内进行时，要使室内通风良好且应尽快离开。若发现中毒，可按一氧化碳中毒进行抢救。

蓄电池的电解液是硫酸的水溶液，故能烧坏棉线衣服和人的皮肤。在配制电解液时，一定要戴防护眼镜、防酸手套、胶皮围裙，穿胶皮靴等防护用品。一定要遵守把硫酸慢慢倒入水中，边倒边搅拌的操作规程，切不可反之，以防止硫酸及沸水爆溅伤人。搬运、装卸蓄电池时，要平稳轻放，以免电解液溅出伤人。一旦电解液溅洒在衣服或皮肤上，应立即用碱性溶液或大量流水冲洗。

126. 驾驶叉车进出作业现场怎样确保安全？

叉车驶近货垛时，要注意观察货垛的高低及堆码的稳固情况，车轮能否碾动垛底托盘等物，以防止货垛坍塌伤及驾驶员或其他人员。叉车在码垛时不得超高或堆码不稳固，以免留下隐患。

驾驶叉车进出工地时，要尽量远离地坑、地槽行驶，应注意地面土质松软程度，以防止车轮压塌土方造成翻车事故。在断壁取土现场铲、运土方时要注意土方的疏软程度，以防止断壁土方坍塌伤人。进出有高处作业（如建筑施工、车间内有天车运行等）现场时，要留心观察高空坠物能否落到行车路线范围内，以防止落物伤害。进出上述现场须有防护措施，如戴好安全帽，尤其是开放式驾驶室还应采取遮挡措施。按指定的安全通道行驶，服从现场指挥人员指挥，严禁冒险行驶。

127. 企业内机动车辆驾驶作业中怎样防止触电？

企业内机动车辆尤其是吊车、铲车、叉车在举升操作时，极易挂撞架空电线或其他架空设施，所以在进入作业现场时，应首先观察现场空间环境，判断吊杆、铲斗、门架回转时能否触及电线等物。当然，应尽量避免在电线下作业，或应留有足够的安全距离。除注意上空，也不应忽视地面。如某单位吊车起杆作业时，由于吊车右后轮压在地沟盖上塌陷，使吊车倾斜，吊杆触电。一旦车辆触电，驾驶员应沉着冷静，尽快将车移开，脱离接触后再下车，否则会造成驾驶员触电伤害。

第四部分 维护检修篇

128. 企业内机动车辆维护的原则和分级方法是什么？如何规定各自的周期？

企业内机动车辆维护的原则是：预防为主、定期检测、强制维护。

企业内机动车辆的维护分为：日常维护、一级维护和二级维护。

企业内机动车辆维护周期的规定是：日常维护主要在出车前、行车中和收车后进行；一级维护的行驶里程为 2 000~3 000 km（指货车类，工业车辆按厂家说明书以作业小时计，下同）；二级维护依据各地条件的不同，其行驶里程在 10 000~15 000 km 范围内选定，若需突破，可做适当调整，但其调整范围不得超过一个一级维护周期。企业内机动车辆的一级维护和二级维护时间间隔规定为：一级维护和二级维护周期的确定应以企业内机动车辆维护的行驶里程为基本依据。对于不便于用行驶里程统计、考核的工业车辆，可用行驶时间（作业小时）间隔确定车辆一级维护和二级维护周期。其间隔时间（天）应依据本地区汽车使用强度和条件的不同，参照一级维护和二级维护行驶里程周期，由各地自行规定。

129. 企业内机动车辆如何进行科学的维护？

要使企业内机动车辆经常处于完好的状态，除了正确使用之外，还要做好维护工作。维护工作做得好，可以减少停机损失和维修费用，提高生产效率，延长使用寿命，从而给企业带来良好的经济效益。企业内机动车辆的维护是指通过擦拭、清扫、润滑、紧固、调整、防腐、检查等一系列方法对车辆进行护理，以维持和保护车辆的性能和技术状况。

虽然不同机动车辆的结构、性能和使用方法不同，车辆在维护工作方面的具体内容也不完全一致，但车辆维护的基本内容是一致的，即清洁、紧固、润滑、调整和防腐。清洁是指各种机动车辆应保持清洁，做到无灰、无尘、整齐，保持良好的工作环境。紧固是指紧固易松动的零件，保证不得出现漏水、漏油、漏气、漏电的现象，保证安全，不出事故。润滑是指机动车辆的润滑面要定时、定点、定量加油，保证润滑面正常润滑和运转畅通。调整是指在机械设备的保养维护中对设备使用过程中移位或者原有正确状态发生变化的使其恢复原状。防腐是指防腐处理。

130. 企业内机动车辆各级维护的内容有哪些？

日常维护是以清洗和紧固为中心的每日进行的项目，是车辆维护的重要基础。其具体工作主要包括：清除车上的污垢、泥土和灰尘，检查并添加发动机冷却液、润滑脂（油）及燃油，低温（无防冻液）冷却系统放水，检查机动车辆各部位连接件的紧固情况等。

一级维护是以清洗、紧固、润滑为中心的定期进行的项目。其具体工作主要包括：紧固车辆外露螺栓、螺母；按规定给润滑部位加注（或更换）润滑脂（油）；检查气缸压力或真空度；检查及调整气门间隙；检查换向阀、升降液压缸、倾斜液压缸和齿轮泵工作是否正常；检查变速器换挡工作是否正常；检查与调整行车制动器和驻车制动器的制动间隙；更换油底壳内的机油，检查曲轴箱通风接管是否良好，清洗机油滤清器和燃油滤清器；检查发电机及起动机安装是否牢固，其电线接头是否清洁、牢固，碳刷和整流子有无磨损；按照润滑表进行润滑；维护之后对车辆进行路试，观察各部位零部件工作是否正常；制动应无跑偏、蛇行现象，陡坡上拉紧驻车制动器操纵杆能否可靠停车；发动机工作正常，无异响；路试一段里程后，检查制动鼓、变速器、后桥壳及齿轮泵有无过热现象。

二级维护以检查、调整、防腐为中心，除完成一级维护的项目之外，还要增加以下工作：拆卸水箱及油冷却器，清除外部灰尘、油垢与内部水垢；拆卸水泵，检查轴、轴承、水封及叶轮是否良好；拆卸缸盖，清除燃烧室、活塞顶部及气门座上的积炭，必要时研磨气门，更换缸垫或活塞环；拆卸机油泵，检查轴、齿轮及壳体是否良好，并检查其配合间隙是否合适；拆卸离合器，检查其分离杠杆端部平面与压盘工作面的平行度，调整分离杠杆的高度；清洗变速器、后桥、转向节以及制动蹄摩擦片表面的积垢，调整制动间隙等。机动车辆二级维护一般每季度进行一次。

131. 工业车辆磨合期的特点有哪些？

（1）机件磨损快。工业车辆出厂前虽然按规定进行了磨合处理，但机件表面仍然较粗糙，加之新零配件间有较多的金属粒脱落，使磨损加剧。

（2）故障多。由于机件在加工、装配时存在偏差，同时还包含着一些难以发现的隐患，在磨合期间很可能出现机件卡死、发热和渗漏等故障。

（3）润滑脂（油）易变质。由于磨合期内机件配合间隙较小，油膜质量差，温升大，机油易氧化变质。加上较多的金属粒混入机油,使机油质量下降。

(4) 耗油量大。为了保证磨合期小负荷运行,化油器安装了限速片,从而导致混合气偏浓。同时,机件之间较大的摩擦阻力也使油耗增加。

(5) 紧固件易松动。新加工及装配的零部件存在着几何形状误差和配合尺寸的偏差,在使用初期,由于受到冲击、振动等交变载荷以及受热、变形等因素的影响,容易使原来紧固的零部件产生松动。

针对上述情况的出现,工业车辆在磨合期内应注意限载、限速,选用优质润滑脂(油),启动时"冷摇慢转,低速升温",慢起步,慢加油,适时换挡,慢制动,严格控制水温,经常检查变速器、驱动桥和轮毂的温度。磨合期内如有异常应妥善处理,行驶至一定里程时,应该进行检修和例行保养。磨合期满应更换润滑脂(油),进行全面调整、紧固,使车辆达到正常技术状态。

132. 为何要在磨合期内对工业车辆进行维护?

工业车辆(工程机械)出厂后,一般规定有 60 h 左右的磨合期(又称走合期),这是制造企业根据工程机械使用初期的技术特点而规定的。对工业车辆在磨合期内进行维护,可使机体各部件机能适应环境的能力得到调整和提升。新车在初期使用阶段都要经过磨合,以便使相互配合机件的摩擦表面互相研合,从而顺利过渡到正常使用状态。

磨合期是保证工程机械正常运转,降低故障率,延长其使用寿命的重要环节。但目前部分用户由于缺乏工程机械使用常识,或是因为工期紧,或是想尽快获得收益,从而忽视新车磨合期的特殊技术要求。机器在磨合期内就长时间超负荷使用,导致机器早期故障频繁发生，这不仅影响了机器的正常使用，缩短了机器的使用寿命，而且还因为机器损坏而影响了工程进度。因此，对工程机械磨合期的使用与保养应引起充分重视。

133. 提高工业车辆磨合质量的要点及要求有哪些？

由于工业车辆（工程机械）是特殊车辆，操作人员应接受生产厂家的培训、指导，对机器的结构、性能有充分的了解，并获得一定的操作及维护经验后方可操作机器。生产厂家提供的产品使用维护说明书是操作者在操作设备时的必备资料，在操作机器前，一定要先阅读使用维护说明书，按说明书的要求进行操作和维护。

为提高工业车辆磨合质量，应注意以下要点：严格执行驾驶操作规程，要避免节气门全开；保持发动机的正常工作温度；车速应控制在规定时速以内，新车及大修车的化油器都装有限速装置，不得随意拆卸；新车承载率应低于90%，并选择平坦道路行驶；慢启动，缓停车；变速挡应常变速，使其在各挡位都能得到磨合；合理使用油料：工业车辆发动机应根据使用的环境条件等因素合理选择，润滑脂（油）牌号按SAE（美国汽车工程师学会）标准及使用说明书的要求选用。

工业车辆（工程机械）在磨合期内只要重视并按要求实施对磨合期的维护，就会减少早期故障的发生，延长使用寿命，提高作业效率，从而带来更多收益。

134. 机油选用的原则有哪些？

企业内机动车辆应优先选用多级机油。它具有更广泛的适应性，适用于对多变工况下发动机的保护。

企业内机动车辆应优先选用合成油。合成油是以从石油中衍生出的低相对分子质量复合油为原料研制的基础油调配的。这种基础油是人工合成的，它的分子结构容易被控制且很均匀，可以达到预期性能且杂质很少。因使用了人工合成的基础油，经过了极复杂的化学程序调配，所以合成油的性能更出色。

合成油黏度指数高，其黏度不受外界温度的影响，而矿物油基础油需添加大量的增黏剂。温度变化时合成油的黏度保持稳定，在发动机更需要润滑的冷启动和高温工作时，可对其进行最好的保护。合成油的抗氧化性能更好，可延长发动机的使用寿命。

企业内机动车辆柴油机和汽油机应分别选用合适的规格牌号和油品，不可替代，除非标明为柴油机、汽油机通用机油。应选择不低于发动机使用说明书上推荐的质量等级的油品。严格按照机器工作环境温度选用适合牌号的油品。

135. 工程机械选用液压油的依据是什么？

工程机械正确、合理地选择及使用液压油，对提高液压设备运行可靠性、延长元件和系统的使用寿命，保证设备安全，防止事故发生具有重要意义。液压油选择的依据如下。

不同的元件对所用的液压油都有一个最低的配置要求，因此，选择液压油时应注意液压件种类及其使用的材质、密封件和涂料等与液压油的相容性。保证各运动副的润滑要求，使元件达到设计的使用寿命，满足使用性能要求。液压泵是对液压油的黏度和黏温性能最敏感的元件之一，因此，常将系统中液压泵对液压用油的要求作为选液压油的重要依据。

对执行机构速度、系统压力和机构动作精确度的要求越高，则对所用液压油的耐磨和承载能力等的要求也越高。根据系统可能的工作温度、连续运转时间和工作环境的卫生情况等，选液压油时须注意液压油的黏度、高温性能和热稳定性，以减少油泥等的形成和沉积。

油箱越小，对液压油的抗氧化安定性、极压抗磨性、空气释放性和过滤性要求就越高。

应针对工程机械在室内、室外、寒区或是处于温度变化大的严寒区，以及附近有无高温热源或明火等环境温度特点合理选用液压油。若附近无明火，工作温度在 60 ℃ 以下，承载较轻时，可选用普通液压油；如果设备须在很低的温度下启动时，应选用低凝液压油。

液压油初步选定后，还应注意核查其货源、黏度、质量、使用特点、适用范围以及对系统和元件材料的相容性，看各项指标是否能完全满足使用要求。还要综合考虑液压油的价格、使用寿命以及液压系统的维护、安全运行周期等情况，尽量选择经济效益好的品牌。

136. 如何进行油液的检查与维护？

首先应检查油中是否含有水，可放出少许油到一个试管中，静置几分钟使气泡消失，然后对油加热（如用打火机等），同时在试管口顶端注意倾听是否有水蒸气轻微的"嘭嘭"声，如有，则说明油中含有水。

工程机械一般都在野外作业，几乎没有条件系统地进行油液含水量的检查，最简单的查验办法是待整机设备静置一夜后，将油箱底部的放油螺塞拧开，放出少许油到一个容器里，现场观察油液中是否含有水分。

将未用过的油和用过的油各取油样一份，在相同的温度和玻璃器皿中进行比较，如果油的颜色差别很大或有特殊的气味，说明用过的油已变质，需更换。如果两种油样的颜色和气味无明显差别，此时可将两种油样同时放置一个晚上，若装有已用过油的容器底部出现沉淀，则系统中的油液就必须经过细滤器过滤并清洗油箱。

137. 工程机械的液压油有哪些使用要求？

（1）适当的黏度。黏度是油液流动性能指标，表示油液流动时分子间摩擦阻力的大小。黏度过高会增加管路中的输送阻力，工作过程中能量损失增大，主机空载损失加大，温升高，在主泵吸油端可能出现"空穴"现象；黏度过低则不能保证机械部分良好的润滑条件，会加剧零部件的磨损，且系统泄漏增加，引起泵的容积效率下降。

（2）良好的黏温特性。黏温特性是指油液黏度随温度升降而变化的程度，通常用黏温指数表示。黏温指数越大，工作中油液黏度随温度升高而下降越小，从而系统的内泄漏不至于过大。

（3）良好的抗氧化性和水解安定性。一般液压油的工作温度最好为30~80℃，由于液压油的使用寿命与工作温度密切相关，液压油温超过60℃后，每增加8℃，液压油的使用寿命就会减半。

（4）剪切安定性。为改善油液的黏温指数，油液中往往加入聚甲基丙烯酸酯、聚异丁烯等高分子聚合物，这些物质分子链较长，在流经液压元件的狭缝时受到很大的剪切作用，往往会使分子断链，使油液的黏温特性下降。工程机械要求液压油有较强的抗剪切能力。

（5）与密封材料、环境的相容性。液压油会使与其接触的密封元件发生溶胀、软化、硬化等现象，使密封材料失去密封作用。液压系统由于泄漏、密封失效等原因，导致液压油流出，如果液压油与环境不相容，将会对环境造成污染。

（6）良好的抗磨性及润滑性。这样可以减小机械摩擦，延长机件的使用寿命。

（7）抗燃性好。液压油应有较高的闪点、着火点和自燃点。

138. 工程机械的液压油如何更换？

工程机械由于使用环境恶劣，工作条件差，经常会出现故障。据统计，工程机械液压系统的故障中有75%以上是由液压油的原因造成的。液压油超期使用或受到污染，轻则影响液压元件和系统的使用性能，缩短液压元件的使用寿命；重则导致液压元件失效，使液压系统不能正常工作。所以，液压系统中液压油一旦受到污染或超过使用期限，就需要采取果断措施，立即更换新的液压油。换油并不是指简单地更换其中部分液压油，而是全面地、尽最大可能将旧液压油换出，换油量最少达到90%。下面以装载机为例，具体介绍工程机械液压系统中液压油的更换方法。

在换油前应先将液压系统各往复液压缸预置在某一极限位置，将装载机（如ZL30G型）的动臂液压缸预置在全伸极限位置（此时装载机的动臂举至最高极限位置），而将铲斗液压缸预置在全缩极限位置（此时装载机铲斗收起至极限位置）。这样操作的目的是使各往复液压缸活塞一侧的旧油最大限度地排出，以便于新的液压油进入活塞这一侧，将另一侧的旧油顶出去。至于将液压缸置于哪一侧极限位置，主要看对换油操作方便而定，一般是将往复液压缸预置在各种动作全伸展的极限位置，然后进行各项换油程序。

139. 企业内机动车辆制动系统如何进行日常检查和维护？

（1）制动系统需保持干燥。在制动器潮湿时最好进行吹干处理，一方面恢复制动系统的制动功能，另一方面也可将雨水带入的泥沙吹走，减少它们对制动系统的损坏。也可在安全车速下轻点制动踏板，让制动蹄片与制动鼓或制动盘摩擦生热，将水分蒸发，多踩几次便可达到使之干燥的目的。

（2）定期检查制动液液面高度。制动液的收纳罐由半透明树脂制成，罐子如果脏污，只需用布擦拭即可进行简单的目视检查。制动液液面应达到收纳罐的基准线，若制动液比前一次检查大量减少，很有可能是制动液发生了泄漏，制动效果会大幅下降或者制动失效，极有可能发生交通事故。

（3）异常情况仔细检查。在车辆起步后，驾驶员应立即踩几下制动踏板，感觉制动效果有无异常，下车检查一下各种油管有没有发生变形或者漏油现象出现。如果车辆在制动时出现跑偏现象，一般情况是前轮制动不同步所致，极易发生交通事故。特别是在高速行驶时，这种安全隐患往往是致命的，必须马上进行制动调校。车辆出现制动效果不佳时，很有可能是因为制动系统内混入空气，需要排除。如果突然出现踏板过软、行程过长等问题，驾驶员要立即进行检查，查出原因并彻底解决，不要认为是小的问题不予重视而延误成严重的故障，酿成灾祸。

140. 叉车起重系统的工作装置如何维护及调整？

叉车起重系统是叉车进行装卸作业的直接工作的装置，货物的卸放、堆垛最终由其完成，所以它是叉车最重要的组成部分。使用中需要经常加强养护，以保持它的良好技术状况。

叉车起重系统工作装置的内、外门架及叉架上的侧滚轮均有调整垫片。通过垫片的调整，使得叉架侧滚轮与内门架之间的间隙值不大于1 mm。当滚轮或重合式门架间隙超过设计规定的间隙时，滚轮需进行调整或更换，以保证滚动或滑动的间隙，减少撞击声，防止货物从货叉上滑出。

在检查与调整起重系统的工作装置时，一是对内门架和外门架前后间隙进行检查与调整。选用间隙为 1 mm 以下的滚轮进行组装。组装时，在得到合适的间隙后，操纵升降手柄，使内门架上下运行，要求运行平稳，滚轮转动自由、均匀。二是对内门架、外门架左右间隙进行检查与调整。按照所要求的尺寸，用增减垫片的方法调整侧向滚轮的安装位置，以保证滚轮与内门架、外门架槽钢内、外壁的间隙。三是叉架左右间隙的调整，调整方法与内门架、外门架左右间隙的调整相同。全部调好后，起升叉架和内门架，看动作是否平稳。从最大高度下降，要求内门架连同空叉自由落下；否则，应重新调整。四是起重链条的调整。若起重链条太长，越升高度达不到要求；若链条太短，会造成叉架跑出内门架槽钢的严重事故；若两根链条一松一紧，造成一根链条过载和偏载，将导致叉架和内门架运动不平稳、不灵活。因此，必须对两根链条进行调整。其方法是：将叉车停在平坦的场地上，门架呈垂直状态，把货叉降至地面，起升液压缸活塞降至下止点。装上链条，两根链条一端与叉架相连并锁定。使链条绕过滑轮，其另一端与起升液压缸缸体凸缘或外门架横梁相连接，并用铰链螺栓调整链条长度。用手指在距地面 1 000 mm 处，以 49 N 的力按压链条，使链条移动距离为 20 mm 以下，以同样方法调整另一根链条。两根链条调好后，起升货叉再检查两根链条的松紧程度、长短，均应一致。

141. 怎样避免叉车液压系统进入空气？

空气进入叉车液压系统会引起许多故障，如产生气穴和气蚀，使液压元件工作不平稳，产生噪声等。因此，为防止空气进入叉车液压系统，使用及维护中应注意做到以下几点：经常检查液压油油面高度，使之总能保持在油标刻线上；应尽量防止液压系统中各处的压力低于大气压力，同时应使用良好的密封装置，失效时应及时更换，油管接头及各接合面处的螺母都应拧紧，及时清洗油泵入口处的滤清器；对于设有排气阀的液压缸，应根据情况及时打开排气阀排气，但放气后应立即旋紧。

142. 常见履带车辆"四轮一带"的磨损情况有哪些？应怎样修复？

常见履带车辆"四轮一带"的磨损情况如下。

（1）履带的磨损。履带中销和销套间的磨损是不可避免的，也是正常的，但这种磨损会使履带的节距变大，使履带过长。若这一磨损情况继续下去，履带就会产生侧面移动，从而引起引导轮、支重轮、托链轮和驱动轮等零部件的磨损，同时也加剧履带销与销套的磨损。

（2）驱动轮的磨损。驱动轮轮齿的磨损常发生在轮齿的根部、前、后侧面，左、右侧面和轮齿顶部。当推土机向前行驶，轮齿托起履带销套时，磨损发生在轮齿的前侧面；反之，当推土机向后行驶时，磨损发生在轮齿的后侧面。当履带太松，产生履带偏斜，轮齿冲击链轨节的侧面时会造成驱动轮轮齿侧面的磨损。顶部磨损发生在履带与驱动轮轮齿被黏性物质填塞时。

（3）引导轮的磨损。引导轮的磨损是由于接触链轨节的滚道面而产生的，而引导轮轮体凸起宽度的磨损则是由于与链轨节的侧面接触而产生的。引导轮的磨损导致引导轮轮体凸起宽度的减小以及滚道面直径的减小。

（4）托链轮的磨损。托链轮的磨损是由于接触链轨节的滚道面而产生的。具体表现为托链轮凸缘宽度的减小、托链轮滚道面外径的减小以及托链轮凸缘外径的减小。

（5）支重轮的磨损。支重轮的磨损同引导轮、托链轮的磨损一样，也是由于接触链轨节的滚道面而产生的。具体表现为外凸缘直径的减小、滚道面直径的减小以及双边内凸缘直径的减小。

针对履带式推土机"四轮一带"的磨损情况，可采取以下修复方法：如果推土机行走机构在早期就出现明显的磨损，应立即停止作业，检查引导轮、托链轮、支重轮、驱动轮中心与行走架纵向中心线的重合度；为了延长使用寿命，可将前、后支重轮调换位置，但应保持单、双边支重轮在行走架上原来的位置不变；行走机构各部件磨损至使用极限后，对于引导轮、托链轮、支重轮、驱动轮轮齿以及履刺、链轨节均可通过堆焊进行修补或更换；对于履带链轨节节距因磨损而变大的情况，可反转链轨节加以补救或更换新的链轨节。

143. 企业内机动车辆用钢丝绳怎样进行维护？

为防止钢丝绳生锈，应经常保持清洁，润滑良好，一般15~30天润滑一次；有条件时应与备用钢丝绳交替使用。在冬季上油脂时，要将油脂稍微加热，使油脂能渗透到钢丝绳内部去。钢丝绳使用期间要定期涂防锈油。长时间保存时，每半年涂一次油，并放在库房内干燥的木板上。如起重机试车时，首先空载将吊钩升降几次，逐渐加载，可减少钢丝绳的扭转现象。当伸出臂杆而使用新钢丝绳作业时，应注意避免钢丝绳扭曲，防止起吊货物时产生旋转和摆动现象。钢丝绳扭曲后，应将钢丝绳向相反方向扭转相同的圈数，使钢丝绳保持平直。

钢丝绳表面磨损、腐蚀、断丝均不允许超过规定标准；钢丝绳与平衡轮之间不允许有滑动现象存在，与平衡轮固定架之间不允许发生摩擦或产生卡死现象；为使整根钢丝绳磨损有效、均匀，应定期调换卷筒板。对物流机动车用钢丝绳应每隔7~10天检查一次；如已有磨损或断丝的现象出现，但还未达到报废规定的数值时，须每隔2~3天检查一次。

144. 蓄电池的维护要点有哪些？

蓄电池在使用过程中，要经常用抹布蘸热水把蓄电池外部擦洗干净，将面板、接线柱上（即正、负两个接线柱）擦拭干净，这样有助于延长蓄电池的使用寿命；日常行车时应经常检查蓄电池盖上的小孔是否畅通；定期检查蓄电池电缆的连接问题，查看电缆有无松动的情况；检查蓄电池内部电解液高度，如发现电解液过低，应添加蒸馏水或专用铅酸电池补充液，切忌用纯净水代替；加液时不要让其他杂质掉入蓄电池内，如有杂质掉进去，千万不能用金属物质去捞，应用干木棒夹出杂质；蓄电池长久不用会慢慢自行放电，直至报废，因此，长久不用时，每隔一个月应对蓄电池进行一次充电维护；对蓄电池充电时，应放置在通风较好的位置，打开蓄电池盖；充电时蓄电池周围不能有明火；车辆在使用过程中，要轻踩加速踏板，否则瞬间的大电流放电会损坏蓄电池；当仪表板上的电量降低到红色预警线时，应当及时进行充电。蓄电池需拆下来时，应先拆负极再拆正极，安装时与此相反；蓄电池应经常充满电，始终保持饱和状态，这样可延长蓄电池的使用寿命。

145. 蓄电池的维护项目有哪些？

一是加水。按规定的液面添加蒸馏水，不要为了延长加水间隔时间而添加过多的蒸馏水。加水过多电解液会溢出，导致漏电。

二是充电。充电过程中蓄电池会产生气体，应保持充电场所通风良好，周围没有明火。充电期间拔下充电插头会产生电弧，应将充电机关闭后，方可拔下插头。充电后在蓄电池周围滞留许多氢气，不允许有任何明火，应开启蓄电池上的盖板进行充电。

三是接线柱、导线、盖子的维修。应由生产厂家指定的专业技术人员进行维修。

四是清洁。壳体表面若不太脏，可以用湿布擦干净；若非常脏，就要将蓄电池从车上卸下，用水清洗后使其自然干燥。

146. 新蓄电池怎样进行初充电？

新蓄电池在进行初充电时，将其正极接电源正极，其负极接电源负极。

初充电通过两个阶段进行：首先用初充电电流充到电解液放出气泡、单格电压升到 $2.3 \sim 2.4$ V 为止；然后将电流降为 1/2 初充电电流，继续充到电解液放出剧烈的气泡、电压连续 3 h 稳定不变为止。全部充电时间为 $45 \sim 65$ h。充电过程中应经常测量电解液温度，用电流减半、停止充电或冷却的方法将温度控制在 $35 \sim 40$ ℃。初充电完毕，若电解液相对密度不符合规定，应用蒸馏水或相对密度为 1.4 的电解液进行调整。调整后再充电 2 h，直至相对密度符合规定时为止。

新蓄电池第一次充电后容量往往达不到额定指标要求，应进行放电循环。用 20 A/h 的放电速率放电（即用额定容量 1/20 的电流放电至单格电压降到 1.75 V 为止），然后用补充充电电流充电，经过一次充电、放电循环，若容量仍低于额定容量的 90%，再进行一次充电、放电循环即可。

147. 蓄电池叉车电动机的换向器如何进行维护？

蓄电池叉车电动机的换向器应该保持光亮的圆柱形表面。在正常情况下，换向器应没有擦伤和烧焦的痕迹，并应具有光泽的表面。换向性能良好的电动机经长期运转后，在换向器表面逐渐形成一层蓝褐色坚硬的薄膜，这层薄膜能够减小换向器的磨损，应当保存。

当换向器表面出现不规则的环带，或者由于表面粗糙而引起火花以致不能保证换向器正常换向时，允许研磨或精车换向器外圆。当电动机在运转情况下进行研磨时，只允许用人造细粒油石或 0 号玻璃砂纸，研磨后用干压缩空气吹净。如发现云母片经长期运转后突出，或者与换向器表面平齐，则将云母片下刻 1~1.5 mm，刻完后，换向器表面须经磨光，边缘处倒角，并清除云母片边的毛刺。注意：无论在研磨、下刻或车外圆时，都要防止切屑和铜末落入电动机内部。当在车床上车外圆时，应将轴承安放在中心架上，以便使换向器的圆柱面轴线与电枢的旋转轴线一致。

换向器表面有炭粉时，可用干燥而柔软的非纤维抹布清除干净。当换向器表面有油脂时，可以在抹布上蘸少许汽油擦拭。当上述工序完成后，用干燥的压缩空气将换向器表面吹净。

148. 蓄电池叉车电动机的电刷如何进行维护？

蓄电池叉车电动机电刷的整个工作表面应与换向器表面接触，电刷的工作表面应光洁如镜。

对于新安装的电刷，在运转之前应将其工作表面研磨至符合换向器表面的要求。

如果只有少数电刷的工作表面需要研磨，可用细粒玻璃砂纸置于电刷与换向器之间（粗面向电刷）并前后推动砂纸进行研磨。如果数量很多或全部电刷的工作表面需要研磨，可以用细粒玻璃砂纸带包住换向器表面，砂纸的尾端互相重叠，或搭接的方向与电动机的正常旋转方向相同。然后，按电动机的正常旋转方向旋转电枢，研磨电刷工作表面，直到电刷的全部工作表面研好为止。

禁止使用砂轮或金刚石砂纸研磨电刷工作表面。因为金刚石砂粒嵌入电刷后会擦伤换向器，使电动机产生火花。电刷研磨完毕，要清除换向器或电刷上的炭粉，并用干燥的压缩空气仔细地吹净电动机，但须注意，勿将炭粉吹入电动机的内部。电刷研磨完毕，应使电动机在轻载下运转至接触面成为镜面。当电刷磨损至无法继续使用时，须用同一牌号的备品更换。

149. 蓄电池叉车电动机的轴承如何进行维护？

蓄电池叉车电动机的轴承允许温升为55 ℃，电动机正常工作时，轴承的声响是均匀的，如温升过高，或出现过大、不均匀的声响、啸声时，应对轴承进行检查。

当检修电动机时，都要检查轴承是否磨损，如果转子碰击定子，就是轴承损坏，必须更换。

随着电动机的大小不同，转子与定子之间的间隙在 0.38~0.76 mm。转子四周的间隙应该相同。如果在启动时有沉重的碰击声，尽管转子还没有碰击到磁极，往往也表明轴承已严重磨损。轴承通常由磷青铜制成，并压入端部架或端盖内。有时轴承要用销钉锁住，销钉穿过轴承盖压入轴承。如果要拆掉轴承，就必须从里面向外推。拆卸轴承时，在端盖上用力的方向不要偏，否则可能损坏端盖。轴与轴承接触的表面应非常光滑，划伤的轴要在车床上用装在工具杆上的磨石修复。如轴承在清洗后并未改善上述情况，须用相同型号的轴承备品予以更换。

在电动机运转期间，每工作 4 个月必须用汽油清洗一次轴承，并更换润滑脂（油）（封闭轴承除外）。

150. 工程机械车辆仪表的安装要点有哪些？

在工程机械车辆中，仪表、传感器的作用是显而易见的，它可对整机及部件的工作状态进行有效的监控。如其不能正常工作，则无法将信息反馈给操作者，也就不能及时发现故障隐患。

在工程机械车辆中，仪表必须与其配套传感器一起使用；导线应连接可靠，不得与其他金属导体相接触；安装与拆卸时，不要敲打和磕碰。

电流表和电压表应注意：电流表的正、负极性不可接反。电流表接线前应将垫圈、螺母、螺栓等接触面用砂布打磨干净，安装螺母时，最好涂一点干净的机油，既可防锈蚀又便于拆装；平面绝缘垫圈应完好，且绝缘垫圈与弹簧垫圈之间应装一个平垫片并接牢，以免因接触不良而使线头发热，甚至烧坏仪表和线束。电流表与电压表接线时，应注意将整车电源关闭，以免造成短路。电压表上的"+"极接蓄电池正极，"－"极接蓄电池负极，不可接错。

151. 企业内机动车辆传感器的安装要点有哪些？

油箱内浮子的移动应灵活，否则会因浮子与油箱隔板干涉造成指示不准；油量传感器接地应可靠；动磁式油量表的可变电阻式传感器的电阻值会随着油箱内部油量平面的升高而升高。

温度传感器接地应可靠，传感器的导线连接不得短路。动磁式水温表传感器的热敏电阻值会随着温度的升高而减小。

对于压力传感器，动磁式压力表的可变电阻值随压力的升高而升高。安装压力传感器时，不可直接拧外壳。如传感器有报警装置，那么传感器线与报警线不可接反。

应确保转速传感器底部与发动机齿顶间隙为 0.8~1.0 mm，否则会造成指示失准。正确的安装方法是：先将传感器拧到底，即传感器底部碰到发动机飞轮齿顶部，然后逆时针回旋 2/3 圈，再用锁紧螺母紧固。怠速时转速传感器输出感应电压 $U>1.0$ V。

152. 企业内机动车辆故障的常见外部症状有哪些？

（1）性能异常。车辆的各种使用性能随着行驶里程的增长而变差，但一般不易察觉出来，若在行车中感到汽车使用性能突然变坏，则表明有了故障（如发动机动力迅速下降，汽车突然严重摆头，制动器不灵等），应立即停车，检查后排除故障。

（2）声响异常。车辆在发动后或行驶时，由于机件的运转、振动会发出声响。异常声响是指不正常的金属敲击声，或其他不应有的声音，如敲缸响、销子响、轴承响、窜气声等。这些异常声音的存在说明机动车辆有故障，应立即排除。许多声响异常的故障会酿成重大机件事故，须认真对待。

（3）渗漏。渗漏是指车辆的燃油、润滑脂（油）、冷却液、制动液以及动力转向系统油液等的渗漏。此故障症状明显，可直接观察发现。渗漏会造成过热、转向、制动失灵、耗油量增加等故障，而且会污染机件及环境，所以一旦发现渗漏应立即排除。

（4）温度异常。温度异常是指通过水温表的指示发现超过正常值或者用手指触摸时能感觉温度过高的现象。过热现象通常表现在发动机、变速器总成、驱动桥总成、制动鼓总成上。对于水温表指示温度过高，不能掉以轻心。通常发动机过热说明冷却系统有故障，若不及时排除，可能会引起突爆、早燃、行驶无力，甚至造成活塞等机件的烧熔事故。

（5）耗油异常。耗油异常一般指燃油、润滑脂（油）消耗异常（消耗超过其规定值）。多由于发动机工作不良或底盘的部件调整不当所致。机油的消耗量过多，除了渗漏的原因外，多是由于发动机有故障。

（6）排气异常。排气异常多指发动机加机油口处常伴有冒烟或脉动冒烟现象，排气烟色不正常等。气缸上窜机油时废气呈蓝色，燃料燃烧不彻底时废气呈黑色，燃油中有水时废气呈白色。其原因多是活塞与气缸壁的配合间隙过大或活塞环损坏失效等。机油消耗量增长过快可能是由于冷却液或汽油渗入到油底壳引起的。

（7）气味特殊。特殊的气味主要包括可用鼻子嗅出的不正常气味，如电路短路会散发出烧焦的橡皮臭味；汽车行驶过程中，如有制动拖滞、离合器打滑等故障时散发出的离合器摩擦片、制动蹄片烧蚀时的焦烟味；排气管排出的烟雾味、生油味以及发动机过热、机油或制动液燃烧时散发的特殊气味等。

（8）外观异常。机动车辆发生故障时，外表上的变化也会反映出来。将汽车停放在平坦场地上，检查其外形，如有横向或纵向歪斜等现象，则为外观异常。汽车外观异常的原因多是车架、车身、悬架、轮胎等出现异常引起的，这样会引起行驶方向不稳、行驶跑偏、重心偏移、轮胎摩擦等故障。

153. 企业内机动车辆故障的常用诊断方法有哪些？

企业内机动车辆出现故障时常采取直观诊断的方法。其特点是不需要检测仪器、设备和工具等科学手段,而是依靠人的五官来诊断故障。当然其诊断的准确性在很大程度上取决于诊断人员的技术水平。通常驾驶员遇机动车辆故障时大多首先采用此法。

诊断时采取以下方式先查清故障的症状,然后做出诊断:问明车辆技术状况、故障迹象、故障属突变还是渐变等;观察排气颜色,再结合其他情况进行分析,就可诊断其工作状况;凭听觉判别车辆声响,从而确定哪些是异常响声,它们是怎样形成的;凭借故障部位发出的异常气味来诊断故障,如燃烧焦味和不正常燃烧气味等;用手直接触摸可能产生故障部位的温度、振动情况等,从而判断出配合副有无咬黏现象、轴承是否过紧等,可判断工作是否正常;诊断人员可亲自试车去体验故障部位,可用更换零件法来确认故障的部位,有时可结合路试来判断故障。上述诊断方法应根据不同故障和具体情况灵活运用。

154. 怎样分析及判断发动机常见油路、电路的故障?

汽油机车辆在运行中的常见故障多是燃油的油路和电路的故障。为了排除故障,应首先通过检查分析发生故障的原因,并把检查中了解到的种种现象联系起来加以分析及比较,做出正确的判断。

发动机运转中经常发生的故障是发动机熄火,有的熄火后启动十分困难。此故障最常见的原因多是发动机的油路和电路发生了故障。

通过实践可知:若发动机逐渐缓慢熄火,通常是燃油的油路发生了故障;若发动机突然熄火,大多是电路发生了故障。车辆在运行中突然熄火,尤其在不平路面因振动而熄火,而且拉阻风门拉钮不起作用,这种情况下应该按电喇叭,如果电喇叭不响或声音微弱,则为蓄电池极桩因振动而脱落;若喇叭声音洪亮,则应检查电路中的高压导线是否因振松而脱落。

155. 怎样分析及判断柴油机燃料系统的故障？

对柴油机的故障进行诊断分析时，虽有许多方面可以借鉴于汽油机，但还须特别注意柴油机的工作特点，以便迅速排除故障。

柴油机属压燃式发动机，要保证它能正常运转，就必须使之具备充分的压燃条件；否则，柴油机就难以发动。压燃条件包括许多方面，如压缩压力、压缩温度、喷油量、喷油压力、喷油正时等，若不能满足一定的要求，就会导致发动机运转不良，甚至难于发动。此外，低温启动困难是柴油机独有的特点，这就要求柴油机低温启动的附属设备必须十分完好，否则将无法启动。

柴油机的可燃混合气是在气缸内形成的，形成时间短，混合气的质量难以保证。因此，对柴油机本身的性能、气缸压力、喷油泵、喷油嘴等要求都很严；否则，柴油机将会出现工作无力、大量排烟、工作剧振等故障。

柴油机的负荷调节取决于每个工作循环的供油量。要保证柴油机在各种负荷下的供油，使调速器的工作性能良好；否则，柴油机将会出现工作不稳，甚至"飞车"等故障。

在柴油机的燃料系统中，如喷油泵、出油阀、喷油嘴等都很精密，这就要求柴油机的燃料具有良好的质量。

156. 柴油机为什么常会出现排黑烟的现象？

柴油机排黑烟的主要原因是：喷入气缸中的柴油没有完全烧尽，在高温下变成炭粒，大量的黑色炭粒夹杂在废气中被排出时，看上去是排黑烟。柴油在高温下燃烧不尽的原因有以下几点。

(1) 气缸进气量不足。气缸进气量不足时，那些因缺乏空气而不能燃烧的柴油在高温下变成炭粒，排气会冒黑烟。引起气缸进气量不足的原因有：空气滤清器部分堵塞，气门漏气，使进入气缸中的空气在排气行程时有一部分被排出；缸筒、活塞磨损过度，向曲轴箱窜气过多；发动机过热，使空气密度降低，实际进气量减少；气门间隙不对；在海拔高、空气稀薄等情况下工作等。

(2) 供油过多。柴油机在超负荷工作时，调速器喷油总成会自动地额外多供给加浓的油量，以克服暂时超载现象。但因油量过多，柴油燃烧不充分而冒黑烟。一般来说，不允许柴油机长期在超负荷状况下工作。另外，如因油泵失调造成供油量大，应重新校正油泵。

(3) 柴油与空气混合不好。进入气缸中的空气充足，且柴油适量，但两者混合不均匀，也会导致燃烧不充分。因为那些没有与空气混合的柴油在燃烧过程中往往会被废气包围而得不到新鲜空气，给柴油的炭化创造了条件，所以排气会冒黑烟。

157. 柴油机为什么常会出现排蓝烟或白烟的现象？

柴油机排蓝烟说明有大量的机油被烧掉，这是不允许的。通常，向燃烧室渗机油有"上窜下漏"之说。上窜，是指油底壳的机油过多地窜入燃烧室，其原因可能是油底壳中加油过多，大大超过了规定的油面高度；也可能是气缸、活塞和活塞环过度磨损，活塞环对口弹性下降、断裂，在环内卡死、扭曲或锥面环装错等所致。下漏，是指气门和气门导管磨损后，机油漏入气缸。在正常情况下，气门和气门导管处于半干摩擦状态，不允许有更多的机油进入。此外，在油浴式空气滤清器中，若油面过高，也会有较多的机油吸入燃烧室。

柴油机排白烟的主要原因是：机器温度低，喷入气缸中的柴油有相当一部分既没有燃烧，也没有炭化，柴油的白色喷雾原封不动地被排出，因此排烟呈白色。柴油机在冬季启动时常见到冒白烟的现象。把冒白烟和冒黑烟进行比较，两者的共同点都是柴油燃烧不充分，但是由于机器的温度不同，燃烧后的生成物也不同。机器的温度高，则废气中夹杂着柴油的炭化颗粒，冒黑烟；机器的温度低，则废气中夹杂着柴油的白色喷雾，冒白烟。特殊情况时，柴油中含水没有被滤除或缸盖、缸体、缸套有裂纹，缸垫翘曲，有水窜入燃烧室，也会使柴油机冒白烟。

158. 汽油机低压电路断路使发动机不易启动如何诊排？

汽油机低压电路断路的现象：打开点火开关，摇转曲轴，电流表指针不摆动。

低压电路断路的主要原因是：蓄电池断路或搭铁线接触不良；点火开关断路；分电器触点间隙过大或严重烧蚀；热敏电阻断路；低压电路各线接头松脱或接触不良；点火线圈低压线圈断路（接线处易脱焊）。

故障的诊排方法如下：按喇叭，喇叭不响，说明蓄电池与电流表间断路；若喇叭响，说明电流表至分电器触点间断路。

159. 汽油机低压电路短路使发动机不易启动如何诊排？

低压电路短路的现象：打开点火开关，摇转曲轴，电流表指针指示放电 3~4 A。

低压电路短路的主要原因是：张开触点时，拆分电器低压线搭铁刮火，有火为短路，无火为触点臂搭铁或低压线圈搭铁。打开点火开关，若电流表指针指示为大量放电（20 A 以上），则为点火开关至仪表导线与点火线圈开关电源接柱共同搭铁；如不打开点火开关，电流表也指示大量放电，则为点火开关至电流表间导线搭铁。除上述外，电流表指针显示大量放电，为点火线圈开关接柱至起动机开关点火线圈接柱搭铁。

故障的诊排方法如下：关闭并拆下点火开关，再打开点火开关，若不大量放电，说明点火开关搭铁；若仍大量放电，说明点火开关至仪表间导线搭铁。

160. 汽油机高压电路故障使发动机不易启动如何诊排？

高压电路故障的现象：打开点火开关，摇转曲轴，电流表指针指示放电 3~4 A，说明低压电路良好，故障多在高压电路。

造成高压电路故障的主要原因是：中央高压线脱落，插座漏电；电容器内部接触不良或搭铁不实；分电器盖中央插孔与旁插孔通电；高压分线漏电或分火头漏电；多数火花塞工作不良或点火时间过早、过迟、错乱；分电器触点烧蚀，分电器托板搭铁不实，点火线圈短路等。

故障的判断及排除方法如下：拔出中央高压线进行试火，通过观察火花的强弱或者有无火花，可以判断故障部位在高压线圈、触点电容器，或者是电路有搭铁或漏电现象，然后逐一修复或更换。

161. 汽油机电路故障使发动机工作不正常如何诊排？

（1）高压火花断火。发动机高速、中速和低速时，消声器发出无节奏的"突突"声，化油器有时回火，易熄火，不易发动。其原因主要是分电器活动托板搭铁或触点烧蚀、电容器损坏、点火线圈低压线圈断路等。

个别气缸断火可用旋具逐缸对火花塞搭铁进行判断，若经搭铁后发动机振动加大，说明此气缸工作；若无任何反应，表明此气缸断火，工作不良。这时可检查火花塞、白金触点及凸轮的磨损情况，必要时更换新件。

若发动机无负荷时工作正常，有负荷时断火，应检查点火线路是否正常，白金触点间隙、火花塞间隙是否符合要求，必要时按标准调校。

若低速良好，高速运转时不痛快，行驶没劲，个别气缸工作时断时续，多属于电气设备工作不良，应检查点火线圈高压电火花强度，分电器内有无故障，电容器是否失效，必要时予以修复、换件。

(2) 高速不良。发动机低速、中速良好，高速时消声器发出不正常的"突突"声。主要是由分电器触点间隙过大或活动触点绝缘套与轴（新件）装得过紧等原因造成的。将发动机熄火，检查触点间隙是否过大，活动触点弹簧臂弹力是否过小。必要时，检查活动触点绝缘套与轴（新件）是否装得过紧。

(3) 少数气缸不工作。如果有少数气缸不工作，发动机高速、中速和低速时，消声器发出有节奏的"突突"声并稍冒黑烟。造成少数气缸不工作的原因是：高压分线插错、漏电或脱落；凸轮磨损不均匀；分电器盖旁插孔漏电，火花塞工作不良。判断是否有少数气缸不工作的现象时，用慢加速方法比急加速方法较易判断。先检查高压分线是否脱落，如无脱落，用旋具使火花塞短路，如检查某气缸时发动机转速有变化，表示该气缸工作良好；如无变化，表示该气缸不工作。

(4) 点火时间过早。若点火时间过早，摇曲轴时反转，急加速时发动机突爆声响很大。这时要检查分电器的断电触点间隙是否过大；分电器壳固定螺钉是否因松动而移位，导致点火提前角提前；点火提前装置工作是否失灵，使分电器不能回位。以上故障应分别按规范予以调整。

（5）点火时间过迟。若点火时间过迟，发动机不易发动，汽车行驶无力，消声器排气响声沉重并排火，加速发闷，急加速时化油器有回火，发动机温度高。造成点火过迟的主要原因是触点间隙过小或分电器外壳松动。应针对上述原因逐一调整或修复。

162. 汽油机怎样判断发动机个别气缸不工作？应如何诊排？

若个别气缸不工作，会使发动机工作不正常。

发动机在各种转速运转时，运转不稳定，消声器会发出有节奏的"突突"声，排气管冒黑烟，偶有放炮现象，化油器有时回火，动力性能下降，即可能是发动机个别气缸不工作所致。

故障诊断和排除方法如下：在发动机运转状态下，依次取下各气缸高压分线，检查发动机运转情况。如果发动机运转更不稳定，则说明该气缸工作正常；如果发动机运转无变化，则说明该气缸不工作。从火花塞上取下不工作气缸的高压分线试火，如果有强烈的周期性火花，则说明是火花塞故障。将发动机停止运转，用火花塞套筒扳手拆下该气缸火花塞，检查火花塞电极，除去积炭、油污，或调整电极间隙，必要时更换火花塞。如果无高压火花，说明该气缸高压分线、分电器盖漏电或分电器断电触点间隙不均匀。经过以上检查之后，将火花塞、高压分线安装好，启动发动机，从分电器插孔中拔出高压分线，放置在距插孔3~5 mm处。若有周期性高压火花，则说明该高压线搭铁漏电，应更换高压线；若无高压火花，则说明分电器盖漏电、窜电或断电触点烧蚀、触点间隙过大或过小,应修磨白金触点或调整触点间隙。如果是分电器凸轮磨损不均匀,应更换分电器总成。

163. 液压挖掘机驱动桥异响有哪些原因?

液压挖掘机驱动桥是重要部件,负责向外输出动力。由于液压挖掘机的输出转矩较大,结构较复杂,如果维修中不严格执行修理规范或使用时违规作业,则容易出现异响。

液压挖掘机驱动桥出现异响是挖掘机技术状况变坏的一种表现,其响声的大小表明技术总成变坏的程度。后桥异响声和时机也不同。异响一般随挖掘机的行驶速度和行驶条件的变化而变化。

液压挖掘机行驶时,驱动桥的减速器和差速器齿轮就会发生磨损,润滑不良时齿轮磨损速度更快。齿轮的轮齿磨损后失去渐开线外廓几何形状,齿轮啮合时,滚动摩擦减小,滑动摩擦增加,这不仅增大了齿轮的啮合间隙,同时进一步加速了齿轮的磨损,产生了噪声,即异响。此外,齿轮的轮齿就像一根悬臂梁,受载后齿根处产生的弯曲应力最大,加之交变载荷的影响,齿轮根部多会产生疲劳裂纹。随着工作时间的延长,疲劳程度增加而裂纹扩展;齿轮轮齿啮合时润滑脂(油)会被挤压在啮合齿的裂纹内,裂纹在油液压力的作用下向深度和长度延伸。当齿轮承载力小于载荷时就会折断,俗称打齿。打齿后异响会更大,甚至还会中断传动或破坏其他机件。

差速器的半轴齿轮和行星齿轮的背后都垫有衬垫。这些衬垫磨损后变薄,会使差速器齿轮啮合间隙增大,工作时出现不正常的啮合而发出响声。半轴花键齿的磨损也会使配合间隙增大。在传动过程中,当两配合机件出现转速差时,即会因花键与键槽撞击而发出异响。

轴承多承受交变载荷,工作时不仅会产生磨损,同时还会使滚动体与滚道表面疲劳;当润滑不良时,损坏速度加快而损坏程度更加恶化,因而轴承的滚动体因产生不规则的滚动而发出振动响声;圆锥轴承的预紧度是靠垫片或螺纹(差速器轴承)来调整的,如果调整的预紧度过小,将会使圆锥齿轮轴向窜动,造成啮合间隙时大时小,丧失正确啮合而发出异响。损坏时响声更大,甚至会将运动机件卡死。

减速器和差速器的紧固螺栓松动多会产生异响。润滑不良的齿轮传动时需要润滑,如果缺油或油品质低而形不成油膜,齿轮轮齿啮合时产生干摩擦,也会发出异响。

装配驱动桥的主减速器和差速器等部件时,齿轮和轴承的配合件间均应留有一定的间隙。间隙过大产生异响;间隙过小,齿轮啮合时进入轮齿上的油膜容易被挤破,影响齿面的润滑和冷却,使金属与齿面直接接触,形成干摩擦而产生较高的热量,传动中形成瞬时高温,相啮合的两齿面就会发生黏在一起的现象,导致金属齿面上沿相对滑动的方向形成伤痕,即称为咬黏。这时,齿轮工作极不平稳,产生很大的振动和噪声。减速器的主动齿轮和被动齿轮啮合时应有一个正确的啮合印痕,才能保证啮合良好。如果齿轮轮齿啮合印痕不是均匀分布在节圆线周围的,液压挖掘机行驶时多会发出异响。

164. 企业内机动车辆驱动桥的过热故障如何诊排?

企业内机动车辆的驱动桥由主减速器、差速器、桥壳、半轴和轮边减速器及轮毂等组成。其功用是将传动轴传来的转矩传给驱动车轮,实现改变旋转方向、降低车速并增大转矩。

企业内机动车辆对驱动桥的要求是:装配时,轴承、主减速器及轮边减速器等配合运动副,均应保留规定的间隙,以防止工作时受热膨胀卡死,同时保证机件的工作面有足够厚的油膜,轮齿磨损后最大使用间隙不得超过 0.4 mm；主减速器的主动齿轮和被动齿轮轮齿应有正确的啮合印痕；要有良好的润滑条件，即合适的润滑脂（油）和规定的液面高度，不得有漏油现象。

驱动桥承受较大而复杂的力，长期使用会引起各机件的必然磨损，加之使用或维护不当，使驱动桥的技术状况变差。当驱动桥工作时，就会出现过热、漏油、异响等现象。

企业内机动车辆的驱动桥常见过热现象及原因包括：机器行驶或作业一段时间后，用手摸桥壳，若感觉烫手且无法忍受，即认为驱动桥过热。若驱动桥出现过热现象，主要是由于轴承间隙调整过紧、主动齿轮、被动齿轮啮合间隙过小以及缺少润滑脂（油）造成的。

处理方法：先检查是否缺少润滑脂（油），如果不缺油则应拆下主传动齿轮，检查、调整轴承间隙或主动齿轮、被动齿轮的啮合间隙。

165. 叉车驱动桥的漏油故障如何诊排？

叉车驱动桥漏油是指润滑脂（油）泄漏到驱动桥壳体外，并有明显油迹。因产品在设计、制造及装配过程中存在不足，以及产品使用及保养不当，导致产品密封失效，驱动桥内的齿轮油由桥壳中半轴孔流至制动鼓，导致制动蹄片与制动鼓打滑而无法制动，造成安全隐患。

叉车驱动桥漏油的常见原因有：主减速器主动齿轮油封装配不正；轴承座铸件疏松、有砂眼，这种情况通过更换油封不能解决问题，必须更换轴承座；齿轮油加注过量；装配半轴时损坏了油封刃口；驱动桥轮毂凸缘连接孔偏斜，导致半轴和轮毂不同轴，因而多次损坏半轴油封；轮毂内油封损坏，润滑脂（油）从内轮盘甩出。

若后驱动桥排气孔漏油，应检查一下齿轮油是否加多了；若后桥齿轮间隙过小引起油温过高，也会使后桥内的压力过高，引发漏油，必要时应分别予以修复。

若发现驱动桥桥壳周围有渗漏出来的油迹，应查明原因和部位，及时排除。必要时拆检或更换油封及其配合轴颈，更换衬垫及螺栓时应使用密封胶（或涂漆），清洗、疏通或更换通气塞，修理或更换失效的螺纹，杜绝桥壳渗漏现象。

166. 装载机液力变矩器常见故障的原因是什么？应采取哪些预防措施？

装载机在长期的大负荷作业后出现变矩器磨损、行走无力的现象，其主要原因是：变矩器磨损所产生的金属粉末随着油液的流动在系统内往复循环，造成有关元件的损坏。修复变矩器后，往往要同时拆检变速器，更换行走齿轮泵，检修散热器，彻底清洗全系统。变矩器工作油液并非直接回到变速器，经滤油器过滤后再循环，而是从变矩器的回油阀通过散热器散热后，直接进入变速器，对离合器进行冷却、润滑、清洗后再回到变速器过滤。一次工作后含杂质的油液未经过滤便进入二次工作，是典型的恶性循环，必然会对系统元件造成不同程度的损害。

因装载机采用平行轴齿轮常啮合液压换挡变速器，液压泵提供的压力油经过进油阀、挡位阀到各挡离合器，使离合器接合实现换挡；当切断来油路时，活塞在弹簧作用下恢复原位，主动摩擦片和从动摩擦片自由分离，在轴和齿轮上各有冷却油孔，经过散热器散热后的传动油通过轴承盖、轴和齿轮上的油道通向各组摩擦片，起冷却、润滑和清洗作用。

在使用过程中，变矩器磨损产生的金属粉末到达散热器时，较大的粉末会卡在散热管上，堵塞散热管，出现散热效果差、整机性能下降的现象。较小的粉末通过散热器后到达离合器摩擦片三根组合轴的散热油孔时，不能通过的粉末便会堵塞某些油孔，摩擦片得不到润滑、散热和清洗，导致短时间内烧毁离合器。即使通过了散热油孔，一旦黏附在摩擦片之间，造成离合器不能分离，也要拆检变速器。若油液通过上述油道回到变速器壳底，集结在粗滤器的表面，堵塞滤油网，增大吸油阻力，或行走齿轮泵吸不上油或吸烂滤网都会对齿轮泵造成损害。修复后若对系统清洗不彻底，故障又会重复出现。可在变矩器回油阀和散热器之间增加一个回油精滤器作为油液杂质的收集器，以避免发生上述故障。

167. 装载机工作装置的常见故障如何诊排？

（1）动臂举升及收斗时速度缓慢。出现此类情况时首先应检查油箱油位是否过低，造成高压泵吸油不足或吸空；回油滤清器是否堵塞，回油不畅，从而造成油箱油位低；应勤洗滤清器，使其保持清洁，再加足液压油。其次，检查齿轮泵是否内泄，使高压泵的容积效率达不到要求；进油管的密封状况是否良好，有无空气进入系统，是否造成压力不足；齿轮泵进、出油管的接装是否准确无误。在检查及排除以上部位的工作隐患后，再检查工作装置是否内漏。

（2）动臂举升正常，但翻斗缓慢。出现此类故障的主要原因在翻斗液压缸，翻斗液压缸的无杆腔和有杆腔两个过载阀的调定压力应符合规定。压力检测过程如下：在测压处接压力表，将翻斗操纵阀置于中位，使动臂提升或放下，当连杆过死点时，翻斗液压缸的有杆腔和无杆腔应建立压力，翻斗液压缸活塞杆动作时压力表所示压力就是过载阀的调定压力。如果该压力低于出厂时的调定压力，其原因可能是：翻斗液压缸内泄；翻斗液压缸过载阀主阀芯有杂质，将主阀芯卡死，使主阀芯处于常开状态，形成故障点。应清除杂质，同时检查阀内各零部件的状态，调整阀杆与阀体的配合间隙，正常的配合间隙应为 0.06~0.012 mm。

(3) 举升及翻斗时抖动现象。故障原因及排除方法如下：若油量不足，工作压力不稳定，应加足液压油；油路接口处密封不好，使空气进入系统，造成工作压力不稳定，应检查油路各接口处密封情况；油液中混入大量气泡，使混有空气的油液成为可压缩物体，应消除低压油路中密封不严的现象，再将混有空气的油液排掉；液压缸活塞杆的锁紧螺母松动，致使活塞杆在液压缸中窜动，应拆卸液压缸，检查和紧固锁紧螺母；总安全阀开启压力不稳定，使高压油压力发生变化，引起抖动，应检查阀的调压弹簧，调整开启压力；两翻斗液压缸和两动臂液压缸内泄量不等，造成流量波动，引起抖动，应将翻斗液压缸及动臂液压缸的内泄故障排除。

168. 工业车辆转向沉重的故障如何诊排？

工业车辆转向沉重是指在行驶中驾驶员扳转转向盘很费力，严重者甚至需驾驶员用尽全身之力方能扳动转向盘。车辆转向沉重将加大驾驶员的劳动强度，使其易于疲劳；同时，车辆难以驾驶，降低了汽车的机动性能。这些都会影响车辆的行驶安全，所以，一旦汽车出现转向沉重的故障，应及时查明原因并予以排除，切不可带着这一故障上路行驶。

工业车辆多采用流量放大转向系统，该系统由优先型流量放大阀与全液压转向器组成。转向沉重有两种情况，一种情况是转向盘转动沉重；另外一种情况是转向盘转动灵活、轻巧，而整机转向无力、沉重，引起这两种情况的原因是不一样的。

转向盘转动沉重，一般是由先导系统故障引起的，应检查及测量先导系统的压力是否符合要求；检查管路连接是否正确；检查管路接头是否堵塞。

转向盘转动灵活、轻巧，而整机转向无力、沉重，一般是由转向系统故障引起的，可以检查管路连接是否正确，吸油管路是否有进气、漏油的地方；检查及测量转向系统的压力是否符合要求；检查液压缸是否内部泄漏。测压口螺塞接上（螺纹为 M14×1.5）接头，用量程为 25 MPa 的压力表测量转向系统的压力，测量压力时，应将车辆转向到最大转角，处于机械限位状态，并保持转向盘处于转向状态，发动机在开大节气门时，转向系统压力应达到 15 MPa。

检查管路接头是否堵塞。如果管路或接头因污物堵塞，容易引起背压升高、操纵沉重的问题。检查液压缸是否有内部泄漏时，可将转向液压缸活塞收到底，拆下无杆腔油管，使有杆腔继续充油。若无杆腔油口有较多油液泄出，则说明活塞密封环已损坏，应予以更换。

169. 工业车辆液压缸的误动作或动作失灵故障如何诊排？

（1）阀芯卡住或阀孔堵塞。当流量阀或方向阀阀芯卡住或阀孔堵塞时，液压缸易发生误动作或动作失灵。此时应检查油液的污染情况；检查污物或胶质沉淀物是否卡住阀芯或堵塞阀孔；检查阀体的磨损情况。

（2）活塞杆与缸筒卡住或液压缸堵塞。此时无论如何操纵，液压缸都不动作或动作甚微。这时应检查活塞及活塞杆密封是否太紧，是否进入污物或胶质沉淀物；活塞杆与缸筒的轴线是否对中，易损件和密封件是否失效。

(3）液压系统控制压力太低。控制管路中节流阻力可能过大，流量阀调节不当，控制压力不合适，压力源受到干扰。此时应检查控制压力源，保证压力调节到系统的规定值。

（4）液压系统中进入空气。液压系统进入空气后，将使执行机构产生爬行现象，含有空气的液压油会使动力传递不均匀，由此产生的压力波动和应力将导致零部件损坏，并且液压油会很快变质。若液压系统有不正常的响声，则可能是进入空气而产生气穴。排除步骤是：放去旧油；清洗或更换过滤器芯及滤油网；清洗储油器和通气口，擦洗时要用布类抹布，不要用棉纱；拆开所有的主要组合件，用柴油清洗各零件，不能拆开时，可用机油与煤油各半掺和的调和油去清洗；将洗好的零件重新装配，装配时要按规定的拧紧力矩拧紧每个螺栓和螺钉；使液压系统空运行，并使之循环 3~4 次，以便排出空气；排出第一次加入的油后，再次清洗过滤器和滤油网；以企业推荐牌号的新油按规定量重新加入系统内；必要时在工作开始 48 h 后再清洗一次过滤器，对系统中一些主要精密件的清洗和装配均应在十分清洁的室内进行。

对工作油的储存和转运工作应十分注意。盛油桶应加专门的标志并掩盖好。在冬季，要注意桶内勿因空气冷凝成水而混入油中，勿使桶皮生锈的锈片落入桶内。冬季对发动机与其他机械系统所采取的多项预防措施，如掩盖防冻、加热保温、换用低黏度工作油等均适用于液压系统。

（5）液压缸初始动作缓慢。在温度较低的情况下，液压油黏度高，流动性差，导致液压缸动作缓慢。改善方法是：更换黏温性能较好的液压油，在低温下可借助加热器或用机器自身加热，以提升启动时的油温。

170. 工业车辆液压缸动作不灵敏的故障如何诊排？

工业车辆液压缸动作不灵敏（有阻滞现象）不同于液压缸的爬行现象。此现象是指液压缸动作的指令发出后，液压缸不能立即动作，须经过短暂的时间后才能动作，或时而能动时而又停止不动，表现为运行很不规则。此故障的原因及排除方法如下。

若液压缸内有空气，应通过排气阀排气，检查活塞杆往复运动部位的密封圈处有无吸入空气，如有，则更换密封圈。

带缓冲装置的液压缸反向启动时，常出现活塞暂时停止或逆退现象。原因是单向阀的孔口太小，使进入缓冲腔的油量太少，甚至出现真空，因此，在缓冲柱塞离开端盖的瞬间会出现上述故障现象。对此应加大单向阀的孔口尺寸。

活塞运动速度高时，单向阀的钢球跟随油流流动，以至于堵塞阀孔，导致液压缸动作不规则。应将钢球换成带导向肩的锥阀或阀芯。

橡胶软管内层剥离，使油路时通时断，造成液压缸动作不规则。此时应更换橡胶软管。

171. 工业车辆液压缸的活塞滑移或爬行故障如何诊排？

液压缸内部零件装配不当，零件变形、磨损或形位公差超限，动作阻力过大，使液压缸活塞运动速度随着行程位置的不同而变化，出现滑移或爬行现象。其原因大多是零件装配质量差，表面有伤痕或烧结产生的铁屑，使阻力增大，速度下降。例如，活塞与活塞杆不同轴或活塞杆弯曲，液压缸或活塞杆对导轨安装位置偏移，密封环装得过紧或过松等。可重新修理或调整，更换损伤的零件及清除铁屑。另外，空气压缩或膨胀会造成活塞滑移或爬行。此时应检查液压泵，设置专门的排气装置，快速全行程往返数次排气。

因为活塞与缸筒、导轨与活塞杆等均有相对运动，如果润滑不良，就会加剧磨损，使缸筒中心线直线度的精度降低。活塞在液压缸内工作时，摩擦阻力会时大时小，产生滑移或爬行。排除办法是先修磨液压缸，再按配合要求配制活塞，修磨活塞杆，配置导向套。

O形密封圈在低压下使用时，与U形密封圈相比，由于面压较高，动、静摩擦阻力之差较大，容易产生滑移或爬行现象；U形密封圈的面压随着压力的提高而增大，虽然密封效果也相应提高，但动、静摩擦阻力之差也变大，内压增大，影响橡胶弹性，由于唇缘的接触阻力增大，密封圈将会倾翻且唇缘伸长，也容易引起滑移或爬行，为防止其倾翻，可采用支撑环保持其稳定。

172. 工业车辆机械液压系统泄漏的主要原因有哪些？如何分类？

泄漏是目前液压机械普遍存在的故障现象，尤其是在工业车辆机械的液压系统中更为严重，主要是由于液体在液压元件和管路中流动时产生压力差，以及各元件存在间隙等引起泄漏。另外，恶劣工况条件也会对工程机械的密封产生一定的影响。液压系统一旦发生泄漏，将会导致系统压力建立不起来，液压油泄漏还会造成环境污染，影响生产甚至产生无法估计的严重后果。

工业车辆机械的液压系统泄漏主要有两种，即固定密封处泄漏和运动密封处泄漏。固定密封处泄漏的部位主要包括缸底、各管接头的连接处等；运动密封处泄漏的部位主要包括液压缸活塞杆及多路阀阀杆等。从油液的泄漏上也可分为外泄漏和内泄漏，外泄漏主要是指液压油从系统泄漏到环境中；内泄漏是指由于高压侧和低压侧压力差的存在以及密封件失效等原因，使液压油在系统内部由高压侧流向低压侧。

173. 工程机械液压系统的泄漏常采用哪些预防措施？

造成工程机械液压系统泄漏是多方面因素综合影响的结果，以现有的技术和材料，要想从根本上消除液压系统的泄漏是很难做到的。只能从影响液压系统泄漏的原因出发，采取合理的措施，尽量减少液压系统的泄漏。

为了预防与控制液压系统泄漏故障的产生，加强液压油的管理是控制液压油污染和保证液压系统正常工作的重要环节。因此，在实际工作中必须加强以下三方面的管理。

一是在液压元件的加工与维修、装配过程中防止液压油被污染，防止水和空气的混入。必须严格控制液压元件的加工精度、表面粗糙度，减小其配合间隙与装配误差。

二是在液压油、液压元件的储运管理方面做到以下几点。要有合理的管理组织机构和规章制度，加强对液压油及液压元件清洁度的管理，并严格按照规定进行落实和检查，液压油出库、入库要注明品名、产地、牌号、适用工程机械的名称和数量等。液压油入库前应取样化验，化验合格后才准入库。库存液压油应定期取样化验。如不符合性能指标，则不准使用。要有符合要求的储存场所和储存器具，仓库应具备良好的通风、清洁、干燥、消防安全等条件，并避免强光直接照射。液压油应分类存放，杜绝混装、混放，以防止混用。定期开展储油器及液压油的质量检查，符合规定要求的液压油方可出库。液压油出库、使用前要坚持过滤，保证液压油杂质含量符合规定要求。

三是在使用管理方面应做到以下几点。建立登记卡和液压设备档案，每台机械均建立一个液压油登记本，记录需用液压油品名及牌号，并注明每次加油或换油日期及数量，并由专人负责检查，这样有利于了解液压系统的密封性能，也可避免在工作中误用异种油品。应根据机械使用说明书规定，结合实际使用情况定期清洗或更换液压油滤芯，并每日检查液压油油位，不足时应及时补充。因油量不够或换油时造成系统中有空气时，应根据机械使用说明书规定，怠速运转一定时间，操纵换向手柄，使液压缸往复运动数次或使液压马达运转一定时间，以排除液压系统内的空气。根据使用条件定期对液压油进行油样分析，发现油液污染严重时应立即查明原因，及时消除。其原因可能是外界污垢大量侵入或系统内部出现异常污染源，应采取相应的措施进行处理。液压油必须合理更换，以达到保证使用和节约开支的目的。控制液压油的工作温度（液压系统最高温度不超过 80 ℃，油箱内温度不超过 60 ℃），油温升高会加速液压油的氧化变质，油的使用寿命会大大缩短，油氧化变质生成的酸性物质对油泵、液压马达等起腐蚀作用，密封件老化变形，配合表面产生热变形，增加磨损，造成泄漏增加。在排除液压系统故障时应遵守规范，保持清洁，禁止乱拆乱放，防止污染物进入液压系统。在修理及装配时应防止环境污染，液压元件装配前各零件必须退磁并清洗干净。装配后必须进行清洗和性能试验，一方面可以检测修理质量，另一方面也可清洗杂质，要注意保护所有液压管道，确保密封良好。定期检测液压系统各检测点的压力、流量、温度，防止液压系统长期在不正常的压力、温度下工作，可减少液压系统磨损，防止内泄漏，并保证液压系统正常工作。

174. 叉车蓄电池极板硫化的原因是什么？应怎样处理？

叉车蓄电池极板硫化，或称极板的硫酸化及不可逆硫酸盐化，是指当蓄电池长期处于放电状态时，在其极板表面再结晶上一层具有较大颗粒的白色硫酸铅，其颗粒坚硬，难以溶解，充电时很难参加氧化反应。硫化后，将使蓄电池充电、放电的电化学反应不能正常进行，导致容量降低，内阻增大，大电流放电时端电压下降较多，致使启动叉车的电能不足等。半放电的蓄电池是指极板表面上有一层硫酸铅，称为一次结晶体。这种半放电的蓄电池在存放过程中，随着环境温度的上升，极板上的硫酸铅就会逐渐溶解到电解液中，温度越高，溶解度越大。当温度下降时，硫酸铅的溶解度会逐渐达到过饱合状态，并再次结晶为较大的白色颗粒，从电解液中析出而再次附着到极板上去。这就是极板硫化的过程。它是蓄电池早期损坏的主要原因之一，也是使用中的常见故障，将直接影响到蓄电池的正常使用，严重时将导致蓄电池的早期损坏。

对于轻度硫化的蓄电池，可用换加蒸馏水和小电流充电的方法来消除，消除硫化时的充电电流一般不超过 3 A。为了预防极板硫化，要保证电解液的液面高度不能过低；不能将半放电的蓄电池长期搁置，要注意给蓄电池定期充电，使蓄电池总是保持完全充电状态；更不能将蓄电池长期在室外搁置。当电解液有较多的气泡时，须把充电电流减小 1/3 或 1/2。当电解液剧烈沸腾而电流重新升到 3 A，并在 3~4 h 内基本稳定时，则表示硫化现象基本消除。此时，可切断充电电流并迅速将原来加入的电解液全部倒出，另外换上正常相对密度的电解液，仍用小电流进行充电，充足后再放电，这样充电、放电循环几次即可。

175. 叉车蓄电池自放电的原因是什么？应怎样处理？

叉车蓄电池充足电后，在停止使用的放置期间，或在带电解液储存期间，蓄电池容量的无效消耗称为自放电。一般情况下，养护良好且充足电的蓄电池，在 20~30 ℃的环境中开路搁置 28 天，其容量损失应不超过 20%。超过上述数值则属于自放电过大。叉车发电机给其充电时，电解液的温度高，但端电压低；叉车数日不运行时，用此蓄电池就启动不了发动机，严重时头天工况正常，次日使用时电压下降很多或几乎无电，造成起动机不转，车灯不亮，电喇叭不响的现象。

极板材料不纯是形成正常自放电的一个原因。如正极板的活性物质是二氧化铅，但极板栅架的材料又是铅质，这样正极板本身就形成了一个电池。对于负极板来说，虽然它是由纯铅制成的，但也只是相对而言，其实在它里面也避免不了含有少量的其他金属杂质，也会形成小电池。而这些小电池本身的电路又是闭合的，所以就产生自放电。另外，蓄电池在放置期间，电解液中的硫酸逐渐下沉，造成上下相对密度不均匀，致使本身产生了电势差，也会引起自放电。

遇到自放电的现象时，应首先检查蓄电池上盖是否清洁，有无积垢或电解液，必要时用清水冲洗干净，并用棉纱擦干。接着断开所有用电设备，拆下蓄电池上的粗导线，并在其端部连接一根细导线，然后用细导线在拆下粗导线的极柱上碰火，如有火花，为线路中存在搭铁故障，应进一步检查和排除；若无火花，表明故障在蓄电池内部，必要时应修复或更换。若是因其电解液混有金属杂质，则应将原电解液倒掉，注入新电解液后立即充电，充足后倒掉，再注入新电解液；在充电的同时，用蒸馏水将电解液的相对密度调至 1.26，充足后将相对密度调至规定值，然后把蓄电池存放在 30 ℃以下的环境中。如果只有少数单格自放电，可分解后更换隔板以及清除槽底的沉淀物。

176. 叉车车架的常见故障与排除方法有哪些？

叉车车架主要采用边梁式和箱式两种结构。叉车车架采用焊接结构，箱式车架用钢板焊接成箱形，无明显的纵梁，刚度高。车架将叉车的全部零部件都连接在一起。车架的前端刚性地安装并固定到驱动桥上，后端通过中间铰轴支撑在转向桥上。驱动桥和转向桥一起支撑着全车。

车架在使用过程中会发生各种损坏，最常见的是车架变形和产生裂纹。车架有下列情况时应拆旧换新：由于锈蚀，初始截面已损失了50%以上；在已经补焊过的地方或其附近再次出现疲劳裂纹；出现裂纹，或者由于事故产生裂口，在修理后不能达到所要求的承载能力；在一个节点上各种缺陷数量较多时。

车架体、侧板、边梁上有凹痕或变形，当变形不大于 6 mm 时，可用冷校正法校正。但冷校正只能在 0 ℃ 以上的环境中进行。校正时可用弓形卡钳、千斤顶等工具进行校正。当凹陷和变形较大时，可用快速加热到 700~1 100 ℃ 或者 900~1 150 ℃ 的方法来消除大的变形。

裂纹多半发生在截面有剧烈变化的构件、构件的连接点和焊缝过多的节点处。检验时在可能产生裂纹的地方，清除涂料、灰尘和泥土，露出金属光泽后查看，还可采用浸油锤击法，从而显示出裂纹的分布情况。对检查出的裂纹，可在距可见裂纹始末两端 10~15 mm 处钻直径为 8~25 mm 的孔，以控制裂纹的发展。补焊前应沿裂纹磨坡口，焊后应检查焊缝有无裂纹，如果有裂纹，则应用砂轮将焊缝磨掉并重新焊接。磨掉的长度应超过明显的裂纹尾部 50~100 mm。新焊缝应当平直、密实，确实焊透，并与基本金属之间过渡很平顺。

 **事故预防篇**

177. 构成企业内机动车辆事故的基本要素有哪些?

从事故的分析中可以看出,各种类型的企业内机动车辆伤害事故都有一个共性,就是每一起车辆事故都由基本要素构成,即人、车、路和环境情况。

企业内机动车辆事故的发生基本上都与人有关。例如,领导违章指挥会造成管理上的缺陷;驾驶员的违章行为会构成车辆的不安全状态;行人的违规行为会给道路增加矛盾交织危险点,形成事故隐患。预防企业内机动车辆事故从人的角度出发,就是提高驾驶员驾驶车辆的安全、可靠性。

车辆的固有属性及其所具有的潜在破坏能力表示行驶或工作的车辆处于不安全状态之中。这些不安全因素是随生产过程(即行驶过程)的存在而存在的。企业内机动车辆的不安全因素主要是带"病"行驶问题,这就使得潜在的破坏能力得以"发挥"。事故的预防就是要掌握这些转化条件,采取措施以消除这些转化条件。

道路是交通的必要基础,它的功能是供车辆行驶和人们行走。总的要求是安全、迅速、经济、舒适,其中安全是最重要的。厂区内道路竖曲线和凹形竖曲线不合理,就能造成车辆失重、操作失灵等事故。厂区内道路平曲线(弯道)或竖曲线的视线盲区相撞事故最多。在路湿或积雪的情况下,紧急制动的车辆多发生侧滑、甩尾等行车事故。要预防车辆事故,加强厂区内道路的维修与管理是必要的。

178. 为什么说任何车辆事故总会在一定的环境中产生?

企业内机动车辆虽然只是在企业厂区内进行运输作业,但如果对安全驾驶和行车安全的重要性认识不足,思想麻痹,违章驾驶,以及管理不善,车辆带"病"运行等,就会造成车辆伤害事故,这不仅会影响企业的正常生产,还会给企业和职工造成不应有的损失。

环境条件影响人的因素、车的因素和道路因素。环境可分为社会环境、自然环境和生产环境。要预防企业内机动车辆事故,研究环境不利条件所带来的恶果是重要的。

要想减少运输中的事故频率,应减少人与车辆的接触机会。企业内运输机械化程度越来越高,这样虽然缩短了运输时间,有利于保证搬运工作安全,但事故类型也会随之发生变化。

随着运输距离的增长,路线复杂,这就要求对企业内的运输环境加强治理、整顿,以减少在运输中因环境因素不良而导致的事故。

179. 企业内机动车辆伤害事故的常见形式有哪些?

企业内机动车辆伤害事故的形式复杂,主要因为企业内机动车辆类型多,并与生产状态有关。

常见的企业内机动车辆伤害事故有以下几种形式:按车辆事故的事态分,有碰撞、碾轧、刮擦、翻车、坠车、爆炸、失火、出轨以及搬运、装卸过程中的坠落和物体打击等;按厂区道路形式划分,有交叉路口、弯道、直行、坡道、铁路道口、狭窄路面、仓库、车间等行车事故;按运动形式分,有车辆启动、起步、运行、停车事故等;按多发事故分,有车辆装载、平交道口、牵引事故以及企业内特种车辆的起重伤害、触电、自翻伤人等；按伤害程度分，有车损事故、轻伤事故、重伤事故和死亡事故。

180. 怎样预防车辆启动伤害事故？常见事故形式和防范措施有哪些？

在发动机启动前应做好检查工作，即机油、燃油、水不能缺少，驻车制动器操纵杆拉紧，并将变速杆放到空挡位置，以防止伤害事故的发生。发动机启动分为热车启动、常温启动和低温启动三种方法。

常见的事故形式包括：手摇启动反转伤人事故，挂挡手摇启动挤伤事故，手摇启动溜坡伤人事故，注油启动回火伤人事故，牵引启动伤害事故，侧顶车启动伤害事故，溜坡启动伤人、翻车事故等。

防范措施包括：加强车辆维护，使之经常处于完好状态，不带"病"行驶；严格执行各项规章制度；车在斜坡手摇启动时须拉紧驻车制动器操纵杆；对于空气制动的车辆，气压低于 392 kPa 时严禁溜坡启动。

181. 车辆启动的注意事项有哪些？

加强车辆的维护，车辆启动一定要符合规程。用手摇柄启动时，应将点火时间稍微推迟。摇车人两腿要分开，站稳，身体略偏向左侧，握持手摇柄的五指应在同一面。先将手摇柄转至稍经下止点位置，然后用力由下向上快提，当感到压缩力增大时更不要松劲，一直摇过上止点。切忌由上往下压，或两手抱持手摇柄摇车，以免发动机反转伤人。

使用气压式制动的车辆，气压低于 392 kPa 时禁止溜坡启动。禁止直接从喉管注油启动。如采用此法诊断故障时，要谨慎操作，注意安全。牵引启动时最好用硬牵引，牵引索长度须在 5~7 m 之间，并要有专人指挥，以防止牵引索绷断伤人，拖带速度不准超过 10 km/h。牵引启动应选择人少、车少、路面宽阔的安全地带进行。禁止采用顶车启动的方法。

182. 怎样预防车辆起步事故?

机动车辆从静止状态经动力传递到行驶过程称为起步。车辆起步应做到安全、平稳、敏捷。夜间、浓雾天气及视线不清时，须同时打开前、后灯光。起步的正确操作程序是：踩下离合器踏板，将变速杆移入适当挡位，按喇叭，继续观察车辆前后、左右情况；放松驻车制动器操纵杆；慢抬离合器踏板，轻踩加速踏板，使车辆平稳起步。

183. 车辆起步的注意事项有哪些?

车辆起步事故形式很多，主要有起步伤人事故、起步撞车事故、起步掉沟事故、起步撞自行车事故以及起步并线事故等。

车辆起步的注意事项如下：车辆起步前，应先检查车旁和车下有无人、畜和障碍物，检查仪表、灯光、转向装置、制动装置等安全设备是否齐全、有效；驾驶员要树立安全第一的思想，严格按照起步操作程序工作；驾驶员与装卸人员、押运人员和乘车人员要密切配合，保证车辆安全运行。

184. 为何厂区道路会车容易发生事故?

厂区道路一般比较狭窄，会车时容易发生事故，其主要原因是一侧或两侧车辆越过中心线所致。企业内机动车辆行驶时为了躲避障碍物、超越其他非机动车辆、弯道视线不良等经常借道行驶，厂区内会车事故的发生主要是由于强行借道造成的，这是严令禁止的。有时通过非常狭窄的路段也容易出现会车刮碰事故。厂区道路会车常见的事故形式有会车相碰、拖带挂车会车相刮、会车中撞前方非机动车辆、右转弯占线（转大弯）会车相撞以及左转弯占线（转小弯）会车相撞等。

185. 怎样避免会车时发生事故？

厂区道路狭窄，地域小，汽车在行驶时经常与迎面的车辆相会。会车时，要根据道路宽窄、视线好坏、行车速度的快慢以及相距的远近等条件选择会车地点进行会车。

厂区内会车要保持适当的侧向距离。厂区内最高时速为 30 km，侧向间距一般以 0.6~1.2 m 为宜。车轮至路边最短距离也以 0.6~1 m 为宜。窄路会车要降低车速，以防止汽车侧向摆动较大而产生刮碰事故。

当车辆前进方向有障碍物而使两车相遇时，根据机动车辆右侧通行的原则，应让对方没有障碍物的车辆先行，不准争道抢行；会车时如遇有要超越的车辆，应主动让车，使对方通过，避免横向拥挤。

拖带挂车会车时，因挂车有一定的侧向摆动和位移，应加大侧向间距。

拖带挂车应尽量不在转弯处交会。厂区内夜间会车要注意灯光的使用，掌握好方向靠右慢行。特别注意观察前方有无行人、障碍物等，以免发生事故。

186. 厂区内超车的特点和常见的超车事故形式有哪些？

各种车辆在厂区道路上行驶，由于车型、功率、负载状况、车辆技术状况、驾驶员技术水平以及行驶速度的不同，必然出现彼此超越现象。

厂区内超车的特点是：超车车速较快，超车车距过近，超越车一方要占中线或左线借道行驶。

厂区内超车常见的事故形式包括：超车追尾事故，超车并行刮碰事故，超车占中线或左线撞自行车、行人事故，超车中翻出路外事故，超车后过早驶入被超车前撞车事故，超车时与迎面来车相撞，违章右侧超车被刮事故，过凸形路超车相撞事故，右边道路会合点超车相撞事故等。

187. 怎样避免厂区内超车时发生事故？

在厂区内超车时应做好超车准备，执行超车程序，即机动车辆超车前先鸣喇叭，夜间用断续灯光示意，待前车让路后，从左侧超越，超越后在不影响被超越车辆行驶的情况下再驶入正常的行驶路线。

掌握好超车距离。一般离前车 20~30 m 处给超车信号，距后车 20~30 m 再并线。尽量回避迎面来车时超车，转瞬即逝的时间控制不好就容易发生事故。

被超越车辆遇前方有障碍物或禁止超越的目标时，应鸣喇叭（或用手势）示意。

根据厂区、码头、站台等道路情况，下列情况禁止超车：

厂区十字交叉路口或其他路口；车间、仓库、办公室等门口，货场或货垛通道门 5 m 以内的车行道、窄梁、陡坡、限制时速 10 km 以内的地段；风沙、雨、雪、雾等天气和灰尘飞扬时不能超车；道路结冰、泥泞路等；冬季风窗玻璃有冰霜或者是斜阳刺眼使视线不清时；拖带损坏的车辆；前方有障碍物品；前车不让、载运危险物品、前车车辆正在超越其他车辆时，均不能超车。

188. 为何在厂区道路倒车时容易发生事故？

在车辆运行的过程中，当用前进挡不能行驶至需要的地点时（如装卸点、仓库和厂房内等），就应通过倒车来达到使用要求。企业内机动车辆运输距离短，往返频率高，因此，增加了车辆的倒车次数，又由于倒车时视线盲区大，观察不方便，所以厂区道路倒车事故经常发生。

189. 厂区内倒车、停车的注意事项有哪些？

厂区道路复杂，倒车前应选择好倒车地点和路线；倒车起步时，应观察一下四周情况，确认安全后鸣喇叭起步，均匀、缓慢后倒；在厂房、料场、仓库、窄路、视线不良地区倒车时，应有专人指挥倒车。企业内机动车辆在平交道口、桥梁、隧道和危险地段等不准倒车。保持企业内机动车辆技术状况良好，防止倒车起步时突然窜出。

厂区道路比较狭窄，停车不当占道时很容易发生撞车、伤人事故。停在视距短或视线盲区的地方也容易发生车辆相撞事故。驶入或离开路边时，如观察不周，也容易发生撞车、伤人事故。

厂区内停车应按照规定地点依次停放。临时停车靠道路右侧，不得妨碍其他车辆通行。驾驶员离车时应拉紧驻车制动器操纵杆，切断电源，锁好车门。厂区内停车应选择宽阔、平坦、坚硬的路面，视线要好，不影响其他车辆交会。厂区内不准两车并停，不得逆向停车。特殊情况应在弯道或坡道停车时，除必要的安全措施外，驾驶员不准离车。

厂区内道路下列地点不得停放车辆：距通勤车站、加油站、消防车库门口和消火栓 20 m 以内的地段；距交叉路口、转弯处、隧道、桥梁、危险地段、地中衡和厂房、仓库、职工医院大门 15 m 以内地段；纵坡大于 5% 的路段；道路一侧有障碍物时，对面一侧与障碍物长度相等的地段两端各 20 m 以内；企业内机动车辆装载危险品禁止停车，除确需停车时，应避开人员稠密地段以及车辆、建筑物等，还须认真看守，以防止发生意外事故。

190. 为何厂区平交道口容易发生事故？事故形式有哪些？

厂区平交道口是事故的多发地点，事故特点是：通过无人看守的道口抢道；通过有人看守道口思想麻痹及驾驶技术不佳，在道口熄火；机动车辆技术状况不良，通过道口发生故障等。

常见的厂区平交道口事故形式有：机动车辆与火车相撞、通过道口横杆伤人、机动车辆过道口被吊钩吊起等。

191. 在厂区平交道口行驶的注意事项有哪些？

厂区平交道口事故的发生很频繁，根据《工业企业厂区内铁路、道路运输安全规程》（GB 4387—2008）的规定，机动车辆驶过平交道口时应遵守下列规定：提前减速；通过有人看守道口或自动信号道口时，要做到"一慢、二看、三通过"，遇道口栏杆放下或发出停车信号时，须依次停车于停车线以外，无停车线的，应停在距铁轨 5 m 以外，严禁抢道通过；通过无人看守道口时，机动车辆驾驶员距道口 15 m 处，能看到两侧各 200 m 以外的火车；车辆占用一部分无人看守道口时，机动车辆不得通过。

通勤客车与载人的货车应按指定的路线行驶，不得任意改线，并尽量避免通过无人看守道口，如必须通过无人看守道口时，在通行前应派人做好监护；机动车辆发生故障被迫停在无人看守道口时，乘车人员、驾驶人员应立即下车到安全地点，驾驶员应采取紧急措施设置防护信号，并使车辆尽快让开道口；在一定时间内，机动车辆频繁通过无人看守道口时，应由用车单位派人看守。

车辆通过平交道口，有人看守时速度最高为 15 km/h，无人看守时最高为 10 km/h，不得超速抢行；通过平交道口的车辆应平稳供油，以防止熄火，禁止超车，不准换挡，不能踩下离合器踏板，更不准停车，跟随前车通过道口时，须待前车驶离铁轨 10 m 以外方可跟随通过。

企业应加强对平交通口的管理，保持道口栏杆、灯光、音响、指挥信号等安全设施齐全、有效。

192. 为何厂区内夜间行车容易发生事故？

企业内机动车辆为了适应企业生产状态的需要，常需倒班作业，夜间驾驶情况较多。

由于夜间道路视野不清，视线不良，并失去空间概念，又由于厂区道路盲区多，进出厂房频繁，视力反差大，给安全行车带来很大的困难。

此外，驾驶员打破了白天工作夜间休息的习惯，容易产生疲劳。夜间会车灯光照射瞬间炫目，以及夜间比较安静，驾驶员易超速行驶，遇突然情况难以处理，容易发生事故。

193. 厂区内夜间行车的注意事项有哪些？

厂区内夜间行车要注意控制车速。一般情况下，车速应比白天低一些，更不能超出《工业企业厂区内铁路、道路运输安全规程》（GB 4387—2008）所规定的速度。

行车中可利用灯光照明来改变行车条件。如遇厂区内灯光交错或雨天光滑沥青路面光线反射强烈，应打开前小灯（驻车灯）和夜行示宽灯，降低车速。随时注意从厂房出来的人，以防止发生意外。

夜间行车要注意安全礼让，厂区道路比较狭窄，会车时要注意车前行人及障碍物情况。

一般情况下不要超车，同时注意前车转向灯和制动灯，以防止突然转弯和停车。

夜间长时间驾驶易疲劳，大多数人容易在拂晓前打瞌睡，如果出现大脑抑制状态或半抑制状态，绝不能勉强坚持，应停车适当休息后方可继续驾驶。厂区内夜间驾驶要自觉遵章守纪。

194. 厂区内物流搬运车辆的制动有哪些操作方法？

厂区内物流搬运车辆的制动是通过操纵制动装置来实现的。制动操作正确与否，是保证安全的重要条件。制动方法可分为预见性制动和紧急制动两种。

预见性制动是指驾驶员对已发现的情况或可能出现的复杂局面提前做好了思想准备和技术准备，有计划、有目的地采取减速或停车的措施。预见性制动的操作方法是：发现情况后，提前放松加速踏板，利用发动机或电动机的牵阻作用降低车速，并根据情况，间歇、缓和地轻踩制动踏板，使物流搬运车辆降低车速；当车速已降低到很慢时，即踩下离合器踏板，同时轻踩制动踏板，使车辆平稳地停车。预见性制动是物流搬运车辆作业中使用最频繁的制动方式，也是确保安全、节约油料和减少机件损坏的有效方法。

紧急制动是指物流搬运车辆在行驶中突然遇到危险情况时，为了避免事故的发生，驾驶员所采取的紧急停车措施。紧急制动对物流搬运车辆各部位机件和轮胎都会造成较大的损伤。往往由于左、右车轮制动力不一致，或左、右车轮着地路面的附着系数有差异，以至于造成车辆摆尾，方向失去控制。因此，只有在不得已的情况下方可使用紧急制动。

紧急制动的操作方法：掌握好转向盘，两眼注视前方，迅速抬起节气门或加速踏板，并立即用力踩下制动踏板，同时拉紧驻车制动器操纵杆，发挥车辆的最大制动力，使车辆立即停住。

195. 企业内机动车辆高速行驶为何容易发生事故？

企业内机动车辆事故有50%以上与高速行驶有关。

所谓高速行驶，就是超过《工业企业厂区内铁路、道路运输安全规程》（GB 4387—2008）所规定的行驶速度。

车速快会破坏车辆的操纵性和稳定性，延长了驾驶员的反应时间和机械反应时间内车辆所行驶的距离以及车辆本身的制动距离，扩大了制动的非安全区，使驾驶员的正常思维能力受限，容易产生错误的判断和操作，导致事故发生。

196. 车辆技术状况不良为何容易发生事故？

由于企业内机动车辆多完成短距离生产运输任务，特种车辆多，技术保修力量不足，所以，企业内机动车辆由于技术状况不良引发的事故比例很大。据统计，由于防护装置缺乏或有缺陷、保险装置缺乏或有缺陷、车辆缺陷、设计缺陷、信号缺陷以及附件缺陷等原因引起的企业内机动车辆事故占有较大的比例。

有时，领导违章指挥，使企业内机动车辆带"病"行驶，不但不能保证行车安全，而且埋下了事故隐患。为此，企业内机动车辆的安全技术标准要严格执行国家标准《机动车运行安全技术条件》（GB 7258—2017），这样才能确保企业内机动车辆的运行安全。

197. 驾驶员技术不熟练为何容易发生事故？

有的驾驶员不熟悉车辆性能，不了解厂区道路行车特点，不能正确判断路面复杂情况，缺乏安全行车知识，致使出现险情时惊慌失措，这样在企业内机动车辆驾驶中很容易发生事故。

在企业内机动车辆伤害事故分析中，由于不懂操作技术和操作失误也是重要因素之一。所以，为了减少车辆伤害，驾驶员的驾驶技术水平应提高。

198. 厂区道路状况不好为何容易发生事故？应如何避免？

厂区道路一般条件较差，由于厂房、仓库等建筑物的影响，视线盲区很多。

厂区内的视线盲区往往是事故的多发地段，尤其是厂区内无人看守平交道口处的视线盲区危害性更大。厂区内的交通标志及安全设施不完善，也容易发生事故。

厂区道路应符合《工业企业厂内铁路、道路运输安全规程》（GB 4387—2008）的要求，不符合要求的应立即整改，原有的永久性构筑物可在改建、扩建时解决，但应装设明显的安全标志。

由于厂区道路的特殊情况，车辆的速度限制较为严格。根据《工业企业厂内铁路、道路运输安全规程》（GB 4387—2008）规定：厂区内最高时速为 30 km。这为保证厂区内安全行车创造了有利的条件。

199. 厂区内交通事故分析的目的是什么？

厂区内交通事故的发生有其各种各样的原因，涉及面广，错综复杂。分析交通事故原因的目的在于：根据分析结论，加强安全管理，改善交通环境；有针对性地对交通事故元素中的人进行教育；为采取行政、技术和教育方面的措施提供依据；最终目的是确保交通安全，减少交通事故。

虽然厂区内交通事故的现象千变万化，事故的原因非常复杂，但通过对导致交通事故的人、车、路、交通环境等情况调查了解，进行综合研究比较，在繁多的个性之中找出共性，即规律，并分析主要矛盾及安全管理工作中的薄弱环节，以便采取防范措施，最大限度地减少一般事故，杜绝厂区内重大恶性事故的发生，以确保安全运行。

200. 厂区内交通事故分析的方法有哪些？

（1）统计分析法。依靠能够反映事实的数据资料（如次数、伤亡人数、时间和地点等）来客观反映事实，从而做出科学的推理和判断，揭示出规律，进而采取防范措施。

（2）分类法。分析交通事故时常采用按时间划分、按事故车辆划分、按道路划分、按事故原因划分等方式分类，经过分类把性质不同的数据以及错综复杂的交通事故原因划分清楚，理出头绪，给人一种明确、直观、规律性的概念。

（3）因果分析图法。把事故的原因尽可客观、全面地画在图上，在分析原因时要从大到小，从粗到细，由表及里，寻根究底，直至能找出具体可采取的措施为止。

（4）交通事故分析图法。用事故状况和道路符号把实际发生的交通事故填在地图上，使人一目了然，以便查找原因。

201. 为什么要进行企业内机动车辆伤亡事故的状态分析？

近些年来，企业内机动车辆在物流领域中的应用越来越广泛，但是随之而来也出现了大量的伤亡事故，这不仅影响了人们的生产工作，更重要的是还威胁到了人们的生命安全。为此，要对企业内机动车辆伤亡事故进行分析，从而找出企业内机动车辆安全管理工作的重点。

从安全系统工程学的观点出发，厂区内运输物流的整体系统应包括人、车、路、法（如规章和法规管理等）、环境等子系统。在整体系统中，车辆子系统比人子系统可靠性高，因为车辆子系统没有自由性，为了防止运输流的非正常流动，应加强车辆的预防性维护。

人具有自由性，每位驾驶员的精神素质和心理特征不同，在完成厂区内运输任务时是不稳定的，在常见的企业内机动车辆事故中，很多都是因驾驶员遇到险情犹豫不决所致，要解决这个问题，不仅要努力提高技术素质，更重要的是要提高心理素质。在运输生产现场，除了驾驶员的不安全行为和车辆的不安全状态原因造成事故之外，生产所用的原料、材料、半成品、工具以及边角废料等物如果放置不当，也会给车辆运输带来不安全因素，这就是运输作业环境的生产秩序问题。

要想保证企业内机动车辆运输的生产均衡，就应使厂区内运输物流经常保持畅通。有时因指挥不当或生产过程的狭窄部分而使生产物资过于积聚，或因事故使运输流暂时中断，都会破坏厂区内运输的生产均衡。而厂区内正常运输生产状态被扰乱之后，事故的发生尤为频繁。从当前厂区内运输的生产状态来看，多数企业由于运输流组织的不合理，导致物资搬运距离长。应尽量缩短物资的搬运距离，这不仅可以提高生产效率，降低成本，而且能大幅度降低伤亡事故的发生频率。

202. 企业内机动车辆事故的预防方针和基本原则是什么？

"安全第一，预防为主，综合治理"是企业运输管理的一贯方针。所谓安全第一,就是树立对国家和人民生命财产高度负责的精神,把安全工作当作头等大事,放在一切工作的首位。确实做到先安全后生产,不安全不生产,抓安全促生产。在运输生产过程中,以体现安全为了生产,生产应安全的宗旨,强调做好事故发生的事前控制工作,防患于未然。

企业内机动车辆事故一般分为自然事故和人为事故两大类。自然事故包括洪水、地震、风暴等,只能尽早预测,采取防灾措施,减轻灾害程度。但所有人为车辆事故都是可以预先防止的。所以,应从人为车辆事故是可以防止的这一基本原则出发,探求企业内机动车辆事故的特殊性与普遍性(即个性与共性),防止企业内机动车辆伤害事故的发生。

203. 企业内机动车辆事故预防的安全教育和管理内容有哪些?

企业内机动车辆驾驶员是特种作业,应有针对性地进行安全教育和培训,否则就很容易出现车辆事故。安全教育包括以下内容。一是安全知识教育。这是普及教育,把教材内容逐步储存在人的记忆之中。二是安全技术教育。主要是安全技术操作规程教育,它需要进行多次反复训练,直至形成生理条件反射,按顺序和要求去完成规定的操作。三是安全思想教育。树立"安全第一"的思想,清除头脑中那些不正确的知识和经验。四是典型事故案例教育。血写的教训带有普遍的教育意义,应注意所选案例要有代表性。

企业内车辆安全管理部门应成为安全生产活动的组织者,可开展安全宣传月、安全竞赛活动、安全技术革新活动、安全合理化建议活动、安全大检查、隐患整改和安全文明生产活动等。在企业车辆管理中推广和运用现代安全工程技术知识,做好事故的预测、预防,如系统危险性评价、作业条件的危险性评价、车辆伤害事故发生可能性评价、故障树分析、生物节律原理在车辆运输安全管理上的应用等。

204. 企业内机动车辆和驾驶员安全管理的目的和主要内容是什么？

从宏观角度看，所谓运输安全管理，就是国家权力机关依据国家颁布的法规和标准，采取科学的措施和强制手段，对路、车、人的综合管理，其目的在于更好地发挥交通运输效能，提高道路通行能力，确保人民生命财产安全。

从微观角度看，即在企业内部，应保证车辆和货运物资、人员安全到达，并在其行驶过程中不发生意外事故。运输安全工作的奋斗目标是：坚决防止重大恶性事故，最大限度地减少一般事故，安全、优质、高效、低耗地为社会主义现代化建设服务。

企业内机动车辆和驾驶员安全管理的主要内容是：保障厂区内道路的畅通，提高道路的通过能力，尽量发挥企业内机动车辆的效能，提高企业经济效益。维护厂区内交通秩序，减少企业内机动车辆交通事故，保障国家和人民生命财产的安全。掌握企业内机动车辆的动态分布，配合有关部门组织和调度运输能力。为生产部门、物资供应部门以及运输部门提供有关情况。对企业内机动车辆制造、改装、改造和保修以及在用车辆实行技术监督，以确保其经常处于良好的技术状况，延长企业内机动车辆的使用寿命。

205. 企业内机动车辆安全管理的基本措施有哪些？

建立和健全企业内机动车辆安全管理机构或设置专职人员，作为保证机动车辆安全运输的组织措施；认真宣传、贯彻并执行党和国家有关安全生产的方针、政策和指令；认真彻底执行企业内运输管理法律、法规、标准和技术规范，结合本企业工艺流程、物料的性质和运输量的大小，按照规程要求设置运输道路、交通标志，选用运输方式等。

参照国家有关企业内运输的规程、法规、标准等的安全要求，结合本企业具体情况，制定厂区、车间、库房、堆场的机动车辆行驶规则，货物装卸、搬运安全操作规程（或作业标准）以及企业内机动车辆的使用、检查、维修制度（规程或作业标准）等运输安全管理制度。坚持日常安全教育和安全检查；认真对新驾驶员进行入厂三级安全教育和培训考核；对老驾驶员建立每年一次的定期复审制度。

对企业内机动车辆驾驶员定期进行身体检查，患有高血压、心脏病、色盲、耳聋、高度近视和精神病等禁忌驾驶者，以及患有其他妨碍安全驾驶疾病的驾驶员应及时更换工作。

在努力做好预防事故发生的同时，对事故应认真做到"四不放过"，即事故原因分析不清不放过、事故责任者和职工未受到教育不放过、没有落实切实可靠的改进措施不放过、事故责任人没有受到处罚不放过。认真管理企业内机动车辆技术档案（包括出厂合格证、审验表、安全评价检查表以及其他有关必要的手续和技术资料）。

206. 为确保企业内机动车辆安全有哪些技术措施？

实施安全技术措施的主要目的是改善企业内机动车辆装运作业环境，提高企业内机动车辆安全技术状况，保护操作者（驾驶员及装卸工）的安全和健康等。企业内机动车辆的安全技术措施如下。

（1）改善企业内机动车辆装运作业环境。采取措施减小驾驶员的视线盲区，尽力解决道路拥挤问题，提高夜间作业现场灯光强度，设置交通标志牌等。

(2) 提高企业内机动车辆安全技术状况。通过对企业内机动车辆进行检验，及时消除故障或隐患，坚持定期维护，使车辆技术状况处于良好状态；按计划进行车辆的大修、中修，全面恢复车辆各部分技术性能；及时更新、改造应报废的老、旧车辆，提高车辆的安全性和可靠性，使车辆的完好率得以提高。

(3) 保护操作者的安全与健康。改善操作者的作业条件和工作环境，及时消除车辆装运作业各环节的事故隐患，采取培训、考核等手段，提高操作者的安全技术素质。

207. 企业应建立健全哪些企业内机动车辆的规章制度？

要确保企业内机动车辆装运安全，企业应建立健全企业内机动车辆装运安全管理规章制度，使管理人员和企业内机动车辆驾驶人员都有章可循。

企业内机动车辆装运安全管理规章制度主要包括：企业内机动车辆装运安全操作规程、企业内机动车辆驾驶员的安全教育制度、企业内机动车辆驾驶员的安全技术考核制度。企业内机动车辆驾驶员的考核、教育、培训、安全行车、违章、事故等情况应登记在各自的安全技术考核档案内。

企业内机动车辆的检验制度包括：企业内机动车辆驾驶员自检、企业定期及不定期检验、企业内机动车辆维护和修理后的检验等。

企业内机动车辆的维护、修理制度包括：企业内机动车辆应按机动车辆使用说明书规定的维护周期、作业项目、作业标准等定期进行各级维护。

企业内机动车辆安全技术状况管理制度规定：企业内机动车辆的

每次维护、大修、中修、检验、事故、主要技术特性等情况应登记在每辆车的档案内。

厂区内道路交通管理规则规定：企业应根据国家主管部门颁布的有关法规，结合本企业情况制定对企业内机动车辆装运、行驶、道路、行人等的管理规则以及奖惩制度（行政、经济的奖励和处罚）。

208. 企业内机动车辆的安全规程有哪些？

车辆应安装车辆管理部门核发的号牌和随车携带行驶证，牌、证不得挪用、涂改、伪造。

车辆应按车辆管理部门规定的时间接受检验。逾期未经检验的车辆不得行驶。

自制、改造和改装的车辆应有完整的技术文件和使用说明书。

建立车辆的安全技术档案，有计划地对车辆进行大修、中修、分级维护并及时排除运行故障，经常使之保持完好的状态。新购、自制、改造、改装车辆须经试运转，检验后符合安全技术要求，并制定安全技术操作规程后方准使用。自制、改造、改装车辆和维护、修理车辆以及在用车辆的路试检验须在指定的区域、道路，由正式驾驶员操纵。

机动车辆的制动器、转向器、喇叭、灯光、刮水器和后视镜应保持齐全、有效，行驶途中，如制动器、转向器、喇叭、灯光发生故障或雨雪天刮水器发生故障时，应停车修复后，方准继续行驶。

209. 企业内牵引车和牵引挂车的安全规程有哪些？

企业内牵引车和牵引挂车的连接装置应牢固，并应挂保险链条。牵引挂车的牵引架、挂环产生裂纹、扭曲、脱焊或严重磨损时不得使用。

牵引车与牵引挂车之间、牵引挂车前轮和后轮之间应安装防护栏杆，牵引车在空载情况下不得拖带载重挂车，每辆牵引车只准牵引一辆挂车。牵引挂车应安装自动制动装置、灯光和显示标志。牵引挂车宽度超过牵引车时，牵引车的新保险杠两端应安装与牵引挂车宽度相等的标杆，在标杆顶端安装标志灯。

210. 企业内机动车辆装载有哪些规定？

调度人员在下达企业内运输作业计划时，应事先掌握运输路线与货源情况。下达计划时，应将安全注意事项向驾驶人员交代清楚；车辆装载不得超过行驶证上核定的数量。

车辆载物应符合下列规定：机动车辆装载宽度不准超出车厢；机动车辆装载高度从地面算起，大型货车不准超过 4 m；大型货车的挂车和大型拖拉机挂车不准超过 3 m，载重量在 1 000 kg 以上的小型货运汽车不准超过 2.5 m，载重量不满 1 000 kg 的小型货运汽车、小型拖拉机挂车、后三轮摩托车、蓄电池车不准超过 2 m。

机动车辆装载长度：大型货运汽车前端不准超出车身，后端不准超出车厢 2 m，超出部分不准触地；大型汽车挂车和大型拖拉机挂车前端不准超出车厢，后端不准超出车厢 1 m；载重量在 1 000 kg 以上的小型货车，前端不准超出车身，后端不准超出车厢 1 m；载重量在 1 000 kg 以下的小型货车、拖拉机挂车、蓄电池车、后三轮摩托车，前端不准超出车厢，后端不准超出车厢 0.5 m。

若载运不可解体货物的体积超过规定，应经企业交通安全管理部门批准，指派专人押车，按指定的路线、时间和要求行驶，并悬挂明显的安全标志。

所装载货物应均衡、平稳，捆扎牢固，车厢侧板、后栏板要关好、拴牢。货物长度超过后栏板时，不得遮挡号牌、转向灯、尾灯、制动灯。装载散状、粉状或液态货物时，不得散落、飞扬或滴漏车外。载运炽热货物应使用柴油车，油箱用石棉包扎严密，并按指定路线行驶。

211. 企业内机动车辆行驶载人有哪些规定？

限于企业内行驶的机动车辆不得用于载人。

随车装卸人员应遵守下列规定：不得超过企业交通安全管理部门核定的人数；载运大、重货物未靠车厢栏板时，货前不得乘人；载物高度超出车厢栏板时，货上不得乘人；不得坐在车厢栏板上，车辆未停稳前不得上、下车；机动车辆车厢以外的任何部位或货运汽车的挂车、拖拉机的挂车、蓄电池车、超载车、罐车、平板车和轮胎式专用车不得载人。

安装有效锁止装置的自卸车和设有牢固护栏的起重车、平板拖车、垃圾车等，经企业交通安全管理部门核准，可附带搭载装卸人员1~4人；车上人员的头、手、脚等肢体不得伸出车外。

212. 企业内机动车辆装载危险货物有哪些规定？

企业内机动车辆装载易燃、易爆、剧毒等危险货物时应遵守下列规定：经企业交通安全管理部门和保卫部门批准，按指定的路线和时间行驶。

由具有50 000 km和3年以上安全驾驶经历的驾驶员驾驶，并选派熟悉危险货物性质和有安全防护知识的人担任押运员；应用货运汽车运输，禁止用汽车挂车及其他机动车辆运输。

车上根据危险货物的性质配备相应防护、消防器材，车厢两端上方插有危险标志；应在货车排气管消声器处装设火星罩；易燃、易爆货物专用车的排气管应装在车厢前侧，向前排气。

车厢周围严禁烟火；装载液态和气态易燃、易爆物品的罐车应挂防静电接地导线，装载液化气体的车辆应有防晒措施；装有氯化钠、氯化钾和用铁桶装运一级易燃、易爆物品时，不得使用铁底板的车辆；装载剧毒品的车辆用后应进行清洗、消毒，且不得与其他货物混装；易燃、易爆物品的装载量不得超过货车载重量的 2/3，堆放高度不得超过车厢栏板。

两台以上车辆跟踪运输时，两车最小距离为 50 m。行驶中不得紧急制动，严禁超车。途中停车应选择安全地点，停车或未卸完货物前，驾驶员和押运员不得离开。

213. 企业内机动车辆的货物装卸和停车距离有哪些规定？

机动车辆货物装卸的规定：驾驶员应负责监督装卸作业；用吊车装卸货物时，机动车辆驾驶员和随车人员应离开车辆；装卸时应按货物堆放顺序进行作业；装载成件货物时应使其靠紧、稳固，对能移动的货物，应使用支杆、垫板或挡板固定，高出车厢栏板的货物应使用绳索捆绑牢固。

机动车辆装卸时停车距离的规定：多辆机动车同时进行装卸时，沿纵向前车和后车的间距应不小于 2 m；沿横向两车栏板的间距不小于 1.5 m；车后栏板与建筑物的间距不小于 0.5 m。

靠近火车直接装卸时，距铁路车辆的间距不小于 0.5 m；与货垛间的距离应不小于 1 m，与滚动货物的间距应不小于 2 m。不准在坡度大于 5% 的坡道上横向起吊作业，如确需作业，须将车身垫平。

214. 企业内机动车辆在厂区行驶有哪些规定?

企业内机动车辆分道行驶的规定：道路上行驶的车辆一律右侧通过；在没有分道线的道路上，机动车辆在中间行驶，非机动车辆靠右侧行驶；同一车道行驶的车辆，低速车应靠右侧行驶。

机动车辆行驶速度规定：机动车辆在保证安全的情况下，在无限速标志的厂区主干道行驶时车速不得超过 30 km/h，其他道路车速不得超过 20 km/h。如需超过规定速度，须经企业主管部门批准。

机动车辆行驶至下列地点、路段或遇到特殊情况时的限速规定：有人看守道口、交叉路口、装卸作业、人行稠密地段、下坡道、设有警告标志或转弯、掉头时，货运汽车载运易燃、易爆等危险货物时车速不得超过 10 km/h；进出厂房、仓库大门、停车场、加油站、危险地段、生产现场以及倒车或拖带损坏车辆时，车速不得超过 5 km/h，同时应加强瞭望，谨慎行驶；恶劣天气能见度在 5 m 以内或道路最大纵坡度在 6%以上，能见度在 10 m 以内时，应停止行驶；对于车辆路试车速，在指定区域内确保安全的情况下，可按技术检验规范的时速进行路试。

机动车辆停车规定：机动车辆应停在指定地点或道路有效路面以外不妨碍交通的地点，不得逆向停车。驾驶员离车时，应拉紧驻车制动器操纵杆，切断电源，锁好车门。

机动车辆倒车规定：倒车时，须先查明周围情况，确认安全后方准倒车。在货场、厂房、仓库、窄路等处倒车时，应有人站在车后驾驶员一侧指挥。在平交道口和危险地段不准倒车或掉头。

行驶中，车辆不得突然制动或突然停车，不得做之字形行驶，不准超过规定限速行驶。

履带或轮胎式的装卸机械不准跨越铁路线行走和作业。推土机、装载机在铁路两旁推料转堆时，推铲与轨道枕木的距离不得小于 0.3 m。

215. 企业内机动车辆驾驶员安全技术培训的目的是什么？

为了贯彻"安全第一，预防为主，综合治理"的方针，切实加强对企业内机动车辆的安全管理，控制和减少交通事故，保证厂区内运输畅通，国家将企业内机动车辆驾驶列为特殊工种和特种作业。

目前，一些厂矿企业内机动车辆事故仍然没有得到有效控制，事故时有发生，从而影响了厂区内交通安全和生产正常进行。有些企业对企业内机动车辆驾驶人员缺乏安全技术培训，企业内机动车辆驾驶员安全技术素质较低，有些企业内机动车辆技术状况很差，常带"病"作业，严重地影响了安全驾驶作业。因此，为切实提高企业内机动车辆驾驶员的安全技术素质，防止和减少因缺乏安全技能与知识、无证上岗、违章操作等因素而发生的各类伤亡及重特大事故，应对企业内机动车辆驾驶员进行安全技术培训及企业内机动车辆驾驶实际操作技能考核，并按规定经全面考核合格后发给特种作业安全驾驶操作证，凭证上岗操作。通过专门培训，使企业内机动车辆驾驶员从思想上认识安全生产的重要性，增强预防事故能力和自我保护能力。

216. 参加企业内机动车辆驾驶员安全技术培训的要求有哪些？

从事企业内机动车辆驾驶的人员应具有良好的职业道德，热爱本职工作，遵章守纪，法制观念强。

从事（报考）企业内机动车辆驾驶的人员须年满 18 周岁，具有初中以上文化程度、安全和专业技术知识、独立驾驶作业的能力，身体健康，反应灵敏，无色盲、色弱、严重近视、耳聋、精神病、高血压、心脏病等妨碍从事本工种工作的疾病和生理缺陷，已过退休年龄者不得从事此项工作。

企业内机动车辆驾驶员应接受省、市市场监督管理部门或其指定单位的专门培训和考试。通过培训，使之了解厂区内运输特点，厂区内运输事故发生的原因及其危害，熟知和掌握厂区内运输安全规程，并在生产活动中做到令行禁止、自觉执行，做好自我防护工作；使之掌握企业内机动车辆的驾驶作业安全要求，掌握熟练的驾驶作业和维护技术，掌握企业内机动车辆故障排除方法。

217. 企业内机动车辆安全技术检验的依据有哪些？

为了便于企业内机动车辆主管部门和技术人员、驾驶员评价在用车辆的安全技术状况，根据国家标准《机动车运行安全技术条件》（GB 7258—2017）、《场（厂）内专用机动车辆安全技术监察规程》（TSG 81—2022）的基本要求，参照部分地方标准，按企业内机动车辆各车种通用部分和特殊部分分别提出企业内机动车辆安全技术检验标准，作为企业内车管安技人员、车辆维修人员以及驾驶员对车辆进行检查、评价的依据，以期达到车辆安全运行的目的。

参考文献

1. 于志利，赵超，曹希桐. 企业内机动车辆驾驶员 [M]. 2版. 北京：中国劳动社会保障出版社，2006.
2. 徐格宁，滕裕昌. 厂区内机动车辆技术检验 [M]. 天津：学苑出版社，2001.
3. 朱兆华，张辉，沈振国，等. 企业内机动车辆作业安全技术问答 [M]. 北京：化学工业出版社，2009.
4. 罗宗桥，高峰. 搬运机械的结构与使用维修 [M]. 北京：理工大学出版社，1997.
5. 肖永清. 内燃叉车安全驾驶与维修技术 [M]. 北京：机械工业出版社，1993.
6. 周传兴. 物流装卸车辆 [M]. 北京：人民交通出版社，2001.
7. 燕来荣. 企业叉车驾驶与维修安全技术 [M]. 北京：中国劳动社会保障出版社，2006.
8. 王耀斌，等. 物流装卸机械 [M]. 北京：人民交通出版社，2003.
9. 吴宗宝，等. 企业内机动车辆驾驶员 [M]. 北京：气象出版社，2002.
10. 马文星，邓洪超. 筑路与养护路机械——原理、结构与设计 [M]. 北京：化学工业出版社，2005.
11. 郑训，等. 路基与路面机械 [M]. 北京：机械工业出版社，2001.
12. 潘科第，童仲良. 装载机的结构与使用维修 [M]. 北京：机械工业出版社，1993.
13. 陶新良. 物流机械安全使用与管理技术问答 [M]. 北京：机械工业出版社，2008.
14. 周鄂秋. 现代工程机械 [M]. 北京：人民交通出版社，1997.